Johannes Roger Hanses

Der Gott, den keiner kennt

Johannes Roger Hanses

Der Gott, den keiner kennt

Ein Kommentar zur Summa Contra Gentiles von Thomas von Aquin (Kapitel 1-34)

Bloggingbooks

Impressum / Imprint
Bibliografische Information der Deutschen Nationalbibliothek: Die Deutsche Nationalbibliothek verzeichnet diese Publikation in der Deutschen Nationalbibliografie; detaillierte bibliografische Daten sind im Internet über http://dnb.d-nb.de abrufbar.

Bibliographic information published by the Deutsche Nationalbibliothek: The Deutsche Nationalbibliothek lists this publication in the Deutsche Nationalbibliografie; detailed bibliographic data are available in the Internet at http://dnb.d-nb.de.

Coverbild / Cover image: www.ingimage.com

Verlag / Publisher:
Bloggingbooks
ist ein Imprint der / is a trademark of
AV Akademikerverlag GmbH & Co. KG
Heinrich-Böcking-Str. 6-8, 66121 Saarbrücken, Deutschland / Germany
Email: info@bloggingbooks.de

Herstellung: siehe letzte Seite /
Printed at: see last page
ISBN: 978-3-8417-7100-1

Inhalt

Vorwort

Als ich vor längerer Zeit gebeten wurde, in möglichst schlichten Worten etwas über den heiligen Thomas von Aquin zu schreiben, habe ich das Bloggen begonnen und gleich dazu gesagt, dass man am Ende wohl aber nicht nur mit schlichten Worten, sondern auch mit schlichten Gedanken zu rechnen haben wird.

Ein gelehrter Freund hat mir geraten: „Wenn man nur das Zeug und die Zeit hat, einen einzigen Philosophen lesen zu können, dann sollte es wenigstens der richtige sein". Daran hab ich mich gehalten, und der heilige Thomas ist mir in den zweieinhalb Jahrzehnten, die ich ihn lese, viel mehr als mein Philosoph geworden. Er wurde mir auch so etwas wie ein lieber Freund. Doch auch wenn ich seinen Gedanken schon so lange nachlaufe und seine Bücher vielleicht einigermaßen kenne, so bin ich dadurch noch kein Thomaskenner.

Die wirklichen Kenner haben nicht nur den Thomas im Kopf, sondern auch die Rahmen, in denen er verglichen wird. Sie wissen um die weiteren Umstände der früheren und späteren Entwicklungen und haben Ahnung, wie man was und wo einzuordnen und hinein zu stellen hat. Um das alles geht es mir nicht, und solche Fragen überlasse ich gern viel gelehrteren Leuten. Mein einziger Wunsch ist schlicht und oben schon angedeutet: Ich würde mit meinem Blog gern einen Beitrag dazu leisten, den heiligen Thomas mit einfachen Worten einem Publikum bekannt zu machen, das ansonsten nicht viel mit der hohen Theologie zu tun hat.

Alle Kapitel in diesem Buch sind meinen täglichen Beiträgen auf meinem Blog entnommen. Ich betreibe es lediglich in meiner freien Zeit und alle Artikel entstehen morgens früh, vor der Arbeit. Das bedeutet, sie sind spontan, schlicht, kurz und manchmal vielleicht etwas launisch.

Das Bloggen hat gegenüber dem Bücherschreiben einen Vorteil: Niemand braucht sich um Auflagen und Verkaufszahlen zu kümmern und doch hat jeder die Leser, die er verdient. Dass aus meinem Blog nun doch ein Buch geworden ist, verdanke ich der Anfrage des Verlages, dem ich an dieser Stelle wünsche, dass er mit meinem Projekt keinen all zu großen Fehler gemacht hat.

Das vorliegende Buch ist ein Kommentar zu den ersten vierunddreißig Kapiteln der Summa Contra Gentiles, dem sich ein kleiner Exkurs über das christliche Glauben mit zwölf weiteren Kapiteln anschließt. Ich gebe aber zu bedenken, dass die Summa aus der Feder des Thomas mehr als vierhundertfünfzig Kapitel hat. Was mein Buch angeht, kann also in keiner Weise von Vollständigkeit gesprochen werden. Mein Blog und der Kommentar auf ihm betreibe ich natürlich weiter, so Gott will. Das vorliegende Büchlein kann aber nichts anderes sein als vielleicht ein kleiner Einstieg. Sein Ziel wäre vollständig erreicht, wenn es den einen oder anderen Leser veranlassen könnte, sich entweder doch einmal mit Thomas selbst oder mit gelehrteren Büchern über ihn zu befassen.

Schließlich sei noch gesagt, dass ein Blog naturgemäß keine wissenschaftlichen Abhandlungen enthält. Blogbeiträge sind spontan und immer so geschrieben, wie dem Autoren gerade zu Mute war, so auch die Kapitel dieses Buches. Auf meinem Blog findet sich allerdings nach jedem Kapitel eine Verlinkung zum Originaltext des heiligen Thomas, damit jeder, der möchte, kurz selbst nachlesen kann. In einem Buch sind Verlinkungen nicht möglich. Ich habe dennoch über jedes Kapitel die übliche Zählung der Summa Contra Gentiles notiert. Danach in kursiver Schrift den Namen geschrieben, den Thomas seinem Kapitel gegeben. Darunter folgt dann der eigentliche Kommentar mit der Überschrift meines Kapitels.

Prolog 1, Der dicke Thomas

Was eine Summe ist, bringt der Titel schon ganz gut auf den Punkt. In Summen versuchen die Autoren möglichst das komplette, wichtige Wissen über eine Sache zusammenzufassen. Eine Summe über Theologie könnte auch „Alles, was man über Theologie wissen muss“ heißen. Eine Summe über das Hühnerzüchten würde alles zusammentragen, was man über Hühner und deren gesteuerte Vermehrung wissen sollte.

Als der heilige Thomas lebte, waren Summen ziemlich in Mode und Thomas hat gleich zwei geschrieben. Seine zweite, die er leider nicht vollenden konnte, wurde die berühmteste aller Summen. Sobald sie auf dem Markt war, hörte das Geschäft mit dem Summenschreiben auch schon wieder auf.

Heute braucht man eigentlich keine Furcht haben, dass Summen in Mode kommen, denn Summen sind naturgemäß dicke Bücher. Große und schwere Bücher sieht man heutigentags weit weniger als große und schwere Leute. Spötter meinen, beides habe miteinander zu tun: Die Bücher würden immer dort dünn, wo die Leute dicker sind. Ob das stimmt, lässt sich schwer prüfen. Im Fall des heiligen Thomas ist das jedenfalls nicht so. Er war wohl ziemlich dick und hat auf jeden Fall sehr dicke Bücher geschrieben. Und seit er hoch offiziell zum Kirchenlehrer erhoben wurde, kann es keine Schande mehr sein, einen gehörigen Bauch mit sich zu führen.

Thomas war also nicht nur körperlich massig. Seine Bücher sind es auch. Aber wenn einem bei der Thomaslektüre in jeder Hinsicht das Dicke entgegenkommt, dann hat das nicht nur mit dem Leibesumfang, und nicht nur mit der Dicke seiner Bücher zu tun. Thomas kann durchaus ein Theologe des Gewichtigen oder ein Liebhaber von allem genannt werden, was mit Fülle zu tun hat.

Der Aquinate denkt hierarchisch. Das bedeutet, seine Welt ist in Stockwerke eingeteilt, damit er besser über sie nachdenken kann. In dieser Hierarchie steht eigentlich immer das am meisten oben, was auch das meiste an sich hat. Größe hat hier mit Fülle zu tun und meint also nicht einfach nur groß oder lang sein, sondern eher viel haben.

Wir Heutigen müssen umdenken, wenn wir den Thomas verstehen wollen. Bei uns ist jemand, der nichts außer viel Geld hat schon eine große Persönlichkeit, zumindest wird er überall so gehandelt. Beim Denken in Füllemaßstäben würde das nicht reichen. Ein Mann, der nur viel Geld hat, der kann einer sein, der auf das ganze Gesehen fast nichts hat. Um ein Großer zu sein bräuchte es da noch andere Tugenden, wie vielleicht Charakterstärke, einen guten Sinn fürs Aufräumen und die vielleicht schwierigste aller Fähigkeiten, seinen Alltag in Ordnung bringen zu können.

Die Idole unserer Zeit zeichnen sich dadurch aus, dass sie immer nur eine Sache haben. Das macht es relativ leicht, als Vorbild zu gelten. Es genügt, wenn ein reicher Onkel stirbt, und schon bekommt man sofort den Platz am Fenster. Es braucht nur einer prominent zu sein, und schon gibt man ihm jede Menge Gründe, sich groß zu fühlen. Ich würde meinen, eine gute, regelmäßige Portion vom heiligen Thomas würde hier ein geeignetes Heilmittel gegen einen verhängnisvollen Irrtum sein.

Jetzt könnte jemand einwenden, der heilige Thomas selbst sei auch „nur" ein guter Professor gewesen, und schon werde um ihn ein solcher Auftrieb veranstaltet. Das stimmt nicht. Thomas war nicht vor allem Professor. Er war vor allem und erst einmal ein Heiliger. In der katholischen Kirche durch die Prüfungen zu marschieren und es bis auf die Altäre zu bringen, dazu braucht es jede Menge Stärken und Vorzüge. Kardinal Bessarion nannte den heiligen Thomas nicht nur den gelehrtesten unter den Heiligen, sondern auch den heiligsten unter den Gelehrten. Ein Satz, an dem ich so große Freude habe, wie an dem guten Essen, das ich gleich bekomme.

Prolog 2, Die Felsen in der Brandung

Das Werk, um das es geht, heißt „Summe gegen die Heiden". Manche schreiben Summe „wider" die Heiden, jedenfalls heißt sie in Latein „contra gentiles" und da geht es, wenigstens dem Namen nach, gegen die Ungläubigen los.

Als ich begann, mich mit Thomas zu beschäftigen, habe ich mir die Heidensumme vorgenommen und einmal ganz gelesen, um mein Latein ein bisschen aufzubessern. Das ist jetzt an die zwanzig Jahre her und ich erinnere mich noch ganz gut, dass mich damals schon sehr interessierte, wer denn die Heiden überhaupt sind, gegen die es losgehen sollte. Als ich nach vielen Wochen durch war, war die Frage kein bisschen gelöst. Thomas gebraucht das Wort „Heiden" fast nie und wenn, dann meint er in der Regel die Heiden der Antike, also die alten Griechen und Römer, die lange vor Christus gelebt haben. Und die kommen in aller Regel eigentlich ganz gut bei ihm weg. Ich konnte mir zudem einfach nicht vorstellen, dass ein so intelligenter Mann ein so dickes Buch gegen Leute schreiben würde, die schon seit vielen Jahrhunderten tot waren.

Die Enttäuschung wurde noch größer, als ich beim Lesen mehr und mehr feststellte, dass nicht nur unbekannt blieb, gegen wen die Summe losrennen würde. Es wurde auch immer klarer, dass hier überhaupt niemand rannte! Wenn man ohne Ahnung ein Buch beginnt, das den Titel „wider die Heiden" führt, dann erwartet man doch auch ohne viel Phantasie, dass da ein Kapitän Kanonen an Bord packt, die Segel setzt und Fahrt gegen fremde Völker aufnimmt. Hier wehte aber kein einziges Lüftchen.

Der einzig einigermaßen scharfe Satz im ganzen Werk ist der allererste: „Meine Kehle sinnt auf Wahrheit und meine Lippen werden den Ungläubigen verwünschen." Das Ganze verlor aber gleich wieder jede Schärfe. Der Spruch war nämlich nicht von Thomas, sondern aus der Bibel. Thomas selbst fährt dann pflegeleicht los, wie ein alter Seemann, der in die Jahre gekommen ist und an den alten Feinden lieber vorbei segelt.

Überhaupt hat Thomas es nicht mit dem Losstürmen. Unser Kirchenrechtler an der Universität sagte immer, man müsse, wenn man schimpfen auf Latein lernen wolle, nicht Thomas, sondern den heiligen Hieronymus lesen. Das mochte sein. Thomas ist da auf jeden Fall keine Adresse. Er schimpft nur sehr selten, und wenn, dann nur kurz. Es gibt ein paar Sätze, in denen er sich nicht halten kann, wenn man seinen geliebten Aristoteles nicht richtig verstehen will. In der Summe wider die Heiden ist aber nicht mal davon besonders viel zu finden.

Dass seine Summe dann doch zu einem meiner großen Lieblingsbücher werden konnte, das liegt daran, dass Thomas zwar kein Schwert umhatte, mit dem er Köpfe rollen lies. Thomas schrieb ohne jede Aggression, aber seine Worte waren Felsen, an denen man sich den Kopf aufstoßen konnte und die wie riesige Findlinge im Garten standen und nie bereit sein würden, auch nur einen Zentimeter zu weichen.
Damals hatte ich einen noch etwas jüngeren Freund, der, wie ich, in diesen verwirrenden Zeiten aufgewachsen war. Der hatte einmal gesagt, alle wollten immer in ihrer freien Zeit ihre Seele baumeln lassen. Er dagegen würde das Gefühl haben, dass seine eher Halt brauche. Später stellten wir beide fest, dass Thomas den auf jeden Fall geben konnte, auch wenn er nicht drein schlug.

ScG I,1: Was die Aufgabe eines Weisen ist.

Thomas, der Islam und die Ruhe des Herzens

Eine der großen Eigentümlichkeiten des neuzeitlichen Menschen ist, dass er sich selbst heilig spricht. Das große Argument der Christen gegen die Beichte lautet, dass man etwas tun soll, was man gar nicht braucht.

Dass das Christentum sich in der alten Zeit so rasend schnell entwickeln konnte, liegt vermutlich auch daran, dass es den Menschen endlich eine Gelegenheit gab, ihre Sünden loszuwerden und mit Gott ins Reine zu kommen. Christsein heißt in erster Linie erlöst sein, und dass es nun einen Ort gab, an dem man mit der Gottheit wirklich ins Reine kommen konnte, muss als Sensation gegolten haben. Die Prediger verkündeten das Augenlicht vor Menschen, die sich blind fühlten, wogegen sie heute vor Leuten stehen, die eine Brille auf der Nase haben oder meinen, sie könnten auch prima sehen.

Ich halte den Islam, mit Verlaub und in allem Respekt gesagt, in mancher Hinsicht für eine alttestamentarische Religion. Das stimmt sicher, insofern er die Erlösung des Menschen wieder aus der Religion genommen hat. In unserer Sache scheint er sich jedenfalls etwas vom gesunden Lebensgefühl der Antike bewahrt zu haben. Eine muslimische, jugendliche Bekannte sagte mir vor Tagen, sie würde sich freuen, nach Mekka zu pilgern, und als Grund sagte sie, sie könne dort ihre Sünden los werden. Ich habe mir die Frage nicht gestattet, ob sie als alte Dame denn noch mal fahren wolle. Sie sagte das nämlich aus einer Rührung, die aus einem ehrlichen Herzen kam. Eine solche, bewahrte Haltung wäre in der Kirche in gewisser Hinsicht wünschenswert. In der Kirche wird viel geredet, aber wenig ganz allein mit den Priestern.

Wir sagen viel, und viel von dem, was wir sagen, das sagen wir nicht, weil wir etwas zu sagen hätten, sondern, weil wir den Mund nicht halten können. Beim mittelalterlichen Thomas galt das viele reden Müssen oft als ein Ausdruck eines verletzten, eines verwundeten oder doch ungeklärten Herzens. Vorwitz und die all zu große Geschwätzigkeit standen im Verdacht, Töchter einer Art tiefsitzenden Verzweiflung am Heilsangebot Gottes zu sein. Niemand kann lange in der Traurigkeit wohnen, schreibt Thomas. Wer mit sich und vor Gott nicht ins Reine kommen konnte, der galt als einer, der nicht gern bei sich zu Hause ist. Schweigen können und gern schweigen dagegen zählte eher zu den Zeichen eines reifen Herzens, das auf den tiefsten Stockwerken mit sich und Gott im Reinen ist.

Die Kirche hat sich hier bis heute diese mittelalterliche Sprache bewahrt und in dieser Sprache sind die beiden großen Vorbilder des reifen, geklärten Menschen Josef und Maria. Dass Josef in der Bibel kein einziges Wort sagt, ist hier kein Armutszeugnis, sondern eher so etwas wie eine Ehrenmedaille, die ihm die Schrift um den Hals legt. Maria sagt nur ganz wenig, aber mit einem Satz immer alles. Der biblische Portraitkünstler Lukas sagt über sie, Maria aber bewahrte alles in ihrem Herzen und dachte darüber nach. Ein kleiner Gedanke, an dem es Großes zu verstehen gibt.
Wenn nun eine Eigenschaft dem heiligen Thomas zugeschrieben wird, dann ist es diese innere Ruhe und Abgeklärtheit, ohne die er nie ein so in sich geklärtes Werk hätte schreiben können. Neuere Forscher sagen zwar, Thomas sei äußerlich so ruhig gar nicht gewesen. Vielmehr habe er ein ziemlich getriebenes Leben geführt und seine Handschrift sei so unleserlich, weil er sich beim Schreiben immer selbst über den Haufen rannte. Dass er aber innerlich diese geistliche Ruhe hatte, das bezweifelt wohl niemand. Als der gerufene Priester von seinem Sterbebett wieder zu den Leuten kam, bezeugte er in tiefer Rührung, er habe die Beichte eines Kindes gehört.
Es heißt, Thomas habe die Summe wider die Heiden geschrieben, weil ihn jemand gebeten hatte, ein Werk für die Mission bei den Muslimen zu verfassen. Manche Kapitel scheinen das, auch in ihrer Reihenfolge, nahezulegen. Im dritten Buch legt er in einem eigenen Kapitel dar, warum die Vielehe unvernünftig sei, um im nächsten gleich anzuhängen, dass es keine grundsätzlichen Speiseverbote geben könne. Das spricht schon sehr dafür, dass er den Islam im Kopf hatte. Er bleibt dabei allerdings immer dieser geklärte Gentleman, der es nicht nötig hat, unruhig zu quasseln und aus der Haut zu fahren. Thomas verfasste kein polemisches Werk gegen anders Denkende und Glaubende. Dennoch schreibt er wirklich gegen jemanden, nämlich gegen jeden, der den katholischen Glauben für unvernünftig hält.

ScG I,2: "Was in diesem Werk die Absicht des Autoren ist"

Der Mystiker

Der heilige Thomas wurde einmal gefragt, wofür er besonders dankbar sei. Seine Antwort war, er habe jedes Buch, das er zu gelesen bekommen hatte, sofort verstanden. Diese Gabe dürfte sicher als eine besonders große und schöne bezeichnet werden. Aber es ist eben eine Gabe und eine Eigenschaft, die nicht gerade jeder bekommen kann.

Es gibt auch Bücher, die liest man hundert mal, ohne sie zu verstehen. Bei Hans Küng zum Beispiel habe ich den Eindruck, dass er siebzig bis achtzig Jahre lang in den Büchern der Kirche gestöbert hat, ohne sie je wirklich zu begreifen. Aber sei's drum an dieser Stelle.

Auch bei den Thomisten, die den heiligen Thomas wohl bestens kennen, gibt es solche, die ihn sehr wohl, nicht aber die Kirche verstehen können, über die er schrieb. Einen solchen habe ich bereits kennengelernt. Er war ein angesehener Lehrer und ein echter Thomist. Er zeigte dabei aber eine Art allergische Reaktion auf alles, was ich Mystik nennen möchte. Dieser Lehrer war in den heiligen Thomas geradezu verliebt, aber etwas in ihm schien sich zu weigern, eine wichtige Seite seines Geliebten kennen zu lernen.

In einem hatte er allerdings Recht: Thomas ist ein ausgesprochener Kopfmensch. Man kann unzählige Male lesen, dass das größte, was den Thomas ausmacht, der Kopf ist. Es geht immer logisch zu und jede wirkliche Freude läuft sozusagen erst mal über die vernünftige Erkenntnis. Deshalb zeichnen ihn manche zwar mit einem großen Körper, aber mit einem noch größeren Kopf. So auch mein Lehrer. Der vergaß nur zu bedenken, dass ein großer Kopf von einem großen Herzen durchblutet werden muss.

Thomas war wohl ein großer Professor. Zunächst aber war er ein großer Heiliger. Am Ende seines kurzen Lebens erschien ihm Christus eines Morgens, um ihm ein Angebot zu machen. „Du hast gut über mich geschrieben“, sagte er, „was wünschst du dir als Lohn dafür?“. „Nur dich allein“, sagte Thomas, und das war die Antwort eines Heiligen. Jeder Heilige hätte sie gegeben, auch ein solcher, der nie in seinem Leben ein Buch verstanden hat.

Der heilige Pförtner Konrad zum Beispiel war von seiner Veranlagung das glatte Gegenteil zu Thomas. Thomas las nur und Konrad las nie. „Mein Buch ist das Kreuz", lautet einer der wenigen Sätze, die wir von ihm kennen.

Bei aller Verschiedenheit verband beide Persönlichkeiten allerdings das Band der Mystik, die dieses ganz persönliche Verhältnis des Menschen zu Gott ausmacht. Wenn die Theologie das Sprechen über Gott ist, dann ist die Mystik das persönliche Zusammensein mit ihm. Die Mystik ist direkt. Sie ist der unmittelbare Genuss einer geheimnisvollen Zweisamkeit, die nicht über die Vermittlung von Büchern und sonstigen Reden, nicht einmal über das Nachdenken laufen muss. Im Gegenteil gibt es Seiten im Leben, die jedes Nachdenken drüber sogleich verwässert.

Unseren Lehrer konnte man mit jedem dicken Buch aus dem Mittelalter anlocken, wie einen Esel mit Möhren. Eine Broschüre über die heilige Theresia hätte ihn vertrieben wie der Müller in Bremen.

Thomas beginnt seine Summe mit einer Erklärung seiner Absicht. Er schreibt, was er vor hat und was ihn bewegt. Dabei tut er etwas, was er sonst fast nie tut: Er spricht von sich selbst. Und genau dort, wo er ein einziges Mal ein Fensterchen zu seinem eigenen Herzen öffnet, zeigt er, dass es das Fenster eines Mystikers ist. "Ich bin mir bewusst, um Hilarius zu zitieren, diese Aufgabe geradezu als die wesentlichste meines Lebens Gott schuldig zu sein, dass all mein Reden und Sinnen spreche von ihm." Das ist der Satz eines Gelehrten. Vor allem aber ist es der Satz eines Menschen, der in seinen Schöpfer geradezu verliebt war.

ScG I,2: "Was in diesem Werk die Absicht des Autoren ist"

Der Weise

Thomas nimmt sich viel vor. Er möchte mit Gottes Hilfe die Rolle eines Weisen übernehmen, wie er sagt. Dabei meint er das Höchstmögliche, was jemand tun kann, weil er vom Höchstmöglichen sprechen will.

Weise ist man nicht schon, wenn man Räucherstäbchen ansteckt und ein paar indische Worte sagen kann. Thomas äußert klare Vorstellungen, was ein Weiser ist und geht dabei zurück auf seinen verehrten Haus- und Hofphilosophen Aristoteles. Der hatte gesagt, ein Weiser verstehe vor allem, die Dinge in Ordnung zu bringen und ordentlich zu koordinieren.

Wenn jemand ein Haus baut, wird er Fliesenleger, Maurer, Zimmerleute und solche anheuern, die das Fundament ausheben. Wann aber wer was zu erledigen hat, das sollte jemand bestimmen, der den Durchblick hat. Einer muss die einzelnen Disziplinen kennen und wissen, was jeder beisteuern wird. Er muss aber vor allem den Plan vom Ganzen im Auge haben.

Thomas denkt hierarchisch. Er teilt die Welt in Stockwerke, um besser über sie nachdenken zu können. Deshalb steht der Bauherr, der alle Handwerke im Blick hat, gewissermaßen über dem Maurer und dem Fliesenleger.

In jedem einzelnen Fach aber gibt es einen, der weise ist auf seiner Ebene. Es gibt den Weisen innerhalb der Maurerkolonne und den Weisen bei den Zimmerleuten. Der Weise unter den Weisen ist wie gesagt aber der, der immer ein Stockwerk höher in der Hierarchie arbeitet.

Jetzt klettert der Denker bis ganz oben herauf und behauptet, dass es eine allerhöchste Ebene gibt, über der niemand mehr stehen kann. Wir werden noch drüber zu sprechen haben. Für Thomas steht aber außer Frage, dass es eine Instanz des absoluten Wissens, der uneingeschränkten Weisheit gibt. Die bekleidet Gott, der sowohl die kleinsten Abläufe, als auch die gesamte Konzeption des Weltbetriebs im Auge hat. Und nicht nur das, dieser Instanz verdankt sich auch alles, was nicht er selbst ist.

Für Thomas ist es nun so, dass diejenige Wissenschaft, die sich mit der höchsten Sache beschäftigt, auch die höchste der Wissenschaften genannt werden kann. Diese

Wissenschaft ist die Gott als eigentlichen Gegenstand der Betrachtung hat und alles, was sich von ihm ableitet.

Wir sollten noch sehen, dass der Meister hier schon ein Wort einführt, dem man oft bei ihm begegnet. Es ist das Wort „gut". Wenn Thomas sagt, dass der Verstand nach Wahrheit verlangt, dann meint er, es sei „sein Gut" oder „gut" für ihn, wenn er sie auch wirklich schauen kann. Das klingt, wie wenn jemand nach Hause und zur Ruhe kommt und kann auch so verstanden werden. Die ganze Denkwelt des Aquinaten ist durchzogen und gewirkt von dem Gedanken, dass jedes Tierchen sein Zuhause hat, einen Ort und einen Zustand, den es erreichen möchte. Ob es das menschliche Herz ist, von dem Augustinus sagt, es sei unruhig, bis es in Gott Ruhe finde, oder ob es der dagegen eher trockene Verstand ist, der die Wahrheit und Herkunft eines Autoreifens sucht. Immer ist alles von einem Ziel bestimmt und gelockt, das zu erreichen gut ist, was durchaus mit Freude zu tun hat.

Die große Wahrheit zu berühren gilt nun als höchstes Ziel des menschlichen Denkvermögens und allen Strebens. Das ist die Wahrheit bei Thomas alles andere als eine neutrale Sache, wie wenn zwei und zwei vier ergeben, ohne dass man wissen muss, ob es vier Kühe oder Schafe sind. Weil das höchste alles Hohen im letzten sowohl Weisheit, Güte und Liebe sind, hat das ganze Unternehmen immer den Geschmack des Schönen, des Guten und Erstrebenswerten zugleich. Desto dringender ist es also auch, die Irrtümer zurück zu weisen, die hindern könnten, die kleinen Ziele oder das ganz große zu erreichen.

ScG I,2: "Was in diesem Werk die Absicht des Autoren ist"

Mein marianisches Motiv, Bekenntnis und Widmung

Gestern hat mir ein lieber Kerl ans Herz gelegt, ich könnte viel mehr Leute für mein Blog gewinnen, wenn ich etwas weniger konservativ schreiben würde. Eigentlich sprachen wir über politische Dinge und wir kamen auf das Thema, weil ich sagte, dass mein Bloggen eher unpolitisch sein soll. Dann kam der obige Satz, den mein Gesprächspartner aus seiner Gewohnheit, sich politisch zu engagieren, äußerte. Das Bücherschreiben hat hier etwas mit der Politik gemein: Wer nicht genügend Leser hat, wird man beim nächsten Buch keinen Verleger bekommen, der einem sein Kind herausbringt. Ohne Leser schreibt der Schreiber in die Schublade, und nur wenige tun das gern oder mit Absicht.

Diese Art, die Dinge zu sehen, hat sich leider auch in den Kirchen etabliert. Es ist normal, die Argumente seiner Reformvorstellungen an den Gedanken der Mehrheiten zu binden: Wenn dieses oder jenes so laufen würde, dann kämen viel mehr Leute, heißt es. Ich finde das Argument unpassend, und kann meine Meinung dazu gern an anderer Stelle erläutern.

Meine Antwort auf die Frage gestern wird ungewöhnlich, für manche sogar anstößig sein. Natürlich freue ich mich, wenn gelesen wird, was ich schreibe. Ein Blog ist lebendig, wenn es gelesen und wenn drüber gesprochen wird. Mein Motiv aber ist ein ganz anderes, und das Bloggen entlastet von der lästigen Angewohnheit, Zahlen heilig zu sprechen. Mein liebster Antrieb ist es jedoch, nicht für möglichst viele Leser, sondern für eine einzige Dame zu schreiben.

Bis hier wird vielleicht noch einigermaßen erträglich sein, was ich schreibe. Mancher wird denken, hier ist einer zu nahe an den Mantel- und Degenfilmen, in denen es übertrieben ritterlich zugeht. Nicht wenigen wird es vermutlich aber etwas mulmig, wenn ich sage, dass diese meine Dame niemand auf der Erde ist, sondern die Mutter Jesu im Himmel.

Der heilige Thomas leiht sich im zweiten Kapitel unserer Summe die Worte des heiligen Hilarius und bekennt, dass er es als vornehmste Aufgabe und Schuldigkeit seines Lebens betrachtet, dass all sein Sinnen und Tun seinen Gott verkünde. Diese Worte gingen mir schon immer besonders zu Herzen, und stehen sozusagen über der Türe meines Blogs. Meinem Glauben gemäß widerspricht es dabei überhaupt nicht der Absicht, vor allem Gott zu verkünden, wenn ich mein Schreiben der Mutter seines Sohnes widme.

Im Himmel gibt es keine Konkurrenz und schon auf der Erde kann man einem Vater keine größere Ehre machen, als wenn man die Größe seines Sohnes preist. Und dem Sohn wird kaum jemand keine größere Freude bereiten, als wer die Person lieb gewinnt, die ihm immer die liebste war.

Wenn ich darüber rede, dann werde ich schon mal gefragt, wie gerade ich darauf komme, und man schaut mich dabei an, wie wenn ich eine Leidenschaft fürs Gläser zerkauen entdeckt hätte.

Dazu kann ich eigentlich nur sagen, dass ich nicht genau angeben kann, wie das alles kam. Ich weiß nur, dass ich mich meinerseits in keiner Weise darum bemüht habe. Ich gebe sogar zu, dass ich vor der Zeit meiner Marienverehrung eher eine Abneigung gegen sie, als eine Hinwendung zu ihr verspürte. Ich fand die Marienverehrung, besonders in ihren Kulten und Liedern eigentlich eher kindisch, und mich hat immer beruhigt, dass die Marienverehrung im Katholizismus keine Pflicht ist. Irgendwann war sie da, und ich habe den Eindruck, dass es bei dieser Liebe wie bei jeder anderen auch zuging: Man ergreift sie viel weniger, als dass man von ihr ergriffen wird.

Mein politischer Gesprächspartner hat sicher in allen Punkten Recht, wenn er sagt, wie man unter Umständen viel mehr Leser bekommen könne. Er mag mir aber nachsehen, wenn ich mein Motiv nicht verändere. Das Geschriebene wäre am Ende irgendwie nicht mehr meins.

ScG I,3: "Über die mögliche Weise, die göttlichen Wahrheiten verstehbar zu machen."

Der Unglaube, die Engel und die Grenzen des Verstandes

Thomas beendet das dritte Kapitel des ersten Buches folgendermaßen: Nicht alles, was von Gott gesagt wird, soll man gleich als falsch abtun, auch wenn es seinem Wesensgrund nach nicht erforscht werden kann. Dann sagt er, die Leute von der Sekte der Manichäer und die „meisten Ungläubigen" würden das nämlich machen, und er meint das mit dem „gleich als falsch abtun".

Solche Sätze würde man in einer Diskussion unserer Tage wegen unsachlicher Unterstellung nicht durchgehen lassen. Auf die Manichäersekte brauchen wir da nicht einmal eingehen. „Die meisten Ungläubigen" sagen, würde schon einen auf die Finger geben.

Ich glaube dennoch, dass Thomas Recht hat. Je ungläubiger der Unglaube ist, den wir hier meinen, desto fester glaubt er nicht, dass es Gott gibt. Wer gar nicht mit Gott rechnet, der braucht nicht über göttliche Eigenschaften sprechen. Was soll sich jemand, der nicht an UFOs glaubt, den Kopf zerbrechen, ob solche Liegesitze haben? Es ist also hier eine Grenze markiert. Der Glaube, dass es keinen Gott gibt, setzt sozusagen von vorn herein eine Art absolute Grenze. Wenn es schon nicht besonders nützlich ist, sich dauernd über ungelegte Eier zu unterhalten, so ist es völlig ohne Sinn, sich über Eier zu streiten, wenn man nicht glaubt, dass es Hühner gibt.

Die Grenze steht immer dort, wo das Land zu Ende ist. Und das Land des Unglaubens endet genau an den Grenzen dessen, was Natur heißt. Der Unglaube kann sich das Reden über jede Außer- oder Übernatur sparen. Wann immer jemand das Thema des Übernatürlichen eröffnen will, kann der Ungläubige sagen, dass er aussteigt. Das soll jetzt ohne jede Geringschätzung gesagt sein. Aus der Sicht eines afrikanischen Woodoopriesters dürfte ich auch als ein Ungläubiger gelten und würde den Titel mit einer gewissen Genugtuung betrachten. Auf Wunsch und aus Anstand würde ich mich mit ihm wohl auch eine Zeit lang unterhalten, ob sein Opferaltar eine Schieferplatte oder eine aus Holz braucht. Für mich selbst wäre das allerdings eher ohne Gewinn.

Thomas eröffnet hier jedenfalls ein Gespräch über Grenzen, nämlich über die Grenzen des menschlichen Verstandes. Er sagt, es gibt sozusagen zwei Ausführungen der göttlichen Wahrheit. Die eine ist die, die der Mensch mit seinem Verstand begreifen und einsehen kann. Daneben steht die zweite Weise, die dem Menschen verschlossen bleibt, weil sein Verstand einfach nicht die Mittel hat, sie zu erforschen. Es gibt also zwei Seiten der einen göttlichen Medaille. Auf der einen Seite können wir sehen, was darauf geprägt wurde, auf der anderen Seite können wir nichts erkennen. Wenn wir die Prägung kennen wollen, muss sie uns jemand beschreiben, der mehr zu sehen im Stande ist.

Hier führt Thomas die Engel als diejenigen Geschöpfe ein, die für das Göttliche die besseren Augen haben. Die Engel sind von ihrer Natur her so gebaut, dass sie mehr vom Göttlichen erfahren und begreifen können als wir. Sie schauen zwar auch nur einen bescheidenen Teil, aber immerhin viel mehr als die Menschen. Von daher können wir durch die Vermittlung der Engel immerhin eine Menge lernen. So etwa geht der Glaube des heiligen Thomas.

Er appelliert gleich mehrere Male und wirbt dafür, dass der Mensch sich der höheren Erkenntnis nicht verschließen soll. Um das Ganze verständlicher zu machen, weist den Leser darauf hin, dass es auch in der greifbaren Welt Dinge gibt, die der eine verstehen kann, während sie dem anderen eher verschlossen bleiben. Ein Bauer, schreibt er, könne die subtilen Gedanken der Philosophen nicht erfassen und der Verstand eines Engels gehe über die Möglichkeiten der Philosophen hinaus. Es wäre daher töricht, ein Wissen als falsch abzulehnen, nur weil man es selbst nicht verstehen könne.

Unser drittes Kapitel ist eine Einleitung für das vierte. Dort führt der Meister Gründe dafür an, dass man sich auch über das belehren lassen sollte, was man eigentlich auch selbst verstehen kann.

ScG I,4: "Die Wahrheit der göttlichen Dinge, die der Verstand begreifen kann, werden mit Recht den Menschen zum Glauben vorgelegt."

Soll man sich in Glaubensdingen überhaupt etwas sagen lassen?

Das vierte Kapitel ist mir immer sehr lieb gewesen. Das hat allerdings mit einem besonderen Umstand zu tun: Als ich es zum ersten Mal las, bin ich schon nicht mehr so leichtgläubig, wie ich es als Kind war. Kinder glauben, das gehört zum Kindsein. Papa ist der größte und Mama ist sowieso jenseits aller Kritik. Dieses schöne Gefühl von Sicherheit ist wichtig, wenn eine Kindheit gelingen soll. Am besten ist da natürlich, wenn sich am Ende auch zeigt, dass der Vater wirklich ein Großer war und auch die Mutter nicht zur Enttäuschung wurde. Ich kann nun mit demütiger Freude sagen, dass ich großes Glück hatte. In der Wahl meiner Lehrer und Geschichtsbücher hätte man allerdings vielleicht etwas besser hinschauen können. Denen habe ich nämlich genau so alles geglaubt, wie den Eltern daheim, und das zerriss mich innerlich irgendwie.

Ich erinnere mich an die Empörung meiner Eltern über die Bücher in der Schule, kann aber keine mehr Einzelheiten aufzählen. Ich weiß aber wohl, dass die Bücher uns glauben machen wollten, dass man auf keinem Fall jemandem mehr was glauben darf. Das heiligste aller Wörter hieß Emanzipation. Die bedeutete ein gewaltsames Loslösen von allem, dem man sich verdankte. Unabhängigkeit war das große Ziel, und die ganze Epoche lebte unter dem Schatten einer strengen Verdächtigung nach oben hin. In den Geschichtsbüchern stand nicht nur, dass es früher Herrscher und Beherrschte gab. Es stand immer auch darunter, dass die Herrschenden böse, und die Beherrschten Gute waren. Alle alten Märchen waren schlecht, weil in ihnen immer irgendwo geherrscht wurde. Hätte es dort nur die böse Herrschaft gegeben, die man hätte wegfegen können, wäre alles gut gewesen. Dort konkurrierten aber immer zwei Könige. Das heißt, die Guten waren leider auch Könige. Nicht nur das Böse war böse, sondern schon die Tatsache, dass es Könige gab.

Als ich begann, die Summe zu studieren, hatte ich die Verwirrung bereits einigermaßen überwunden, und die damaligen Rebellen waren längst des Hochverrats überführt gewesen. Es hatte sich nämlich gezeigt, dass die Emanzen, die ich kannte, in Wirklichkeit gar nicht viel anders gewesen waren als ihre Unterdrücker. Ihr Kampf war unredlich gewesen, weil sie am Ende auch nichts anderes wollten, als über ihre Herrscher herrschen. Wie immer auch, das alles vorbei, und das war gut so. Ansonsten wäre der heilige Thomas damals bei mir mit dem selben Bausch und Bogen durchgefallen, wie er heute noch bei den Leuten durchfällt, die den Unsinn von damals immer noch glauben.

Im vierten Kapitel macht sich der Meister daran zu erklären, dass es vernünftig ist, dass den Menschen dasjenige, was sie glauben sollen, auch zum Glauben vorgelegt wird. Er sagt, das gelte auch für jene Teile der Wahrheit, auf die der Mensch unter Umständen selbst kommen könnte. Die Umstände dazu, argumentiert er, seien eben oft nicht gegeben. Thomas sieht in ruhiger Gelassenheit den Menschen, wie er nunmal ist. Manchen, sagt er, ist es einfach nicht gegeben, die hohen und komplizierten Gedanken anzustellen, die es braucht, die göttlichen Dinge zu erforschen. Nicht wenige können das einfach nicht. Dann gibt es solche, die wohl das Talent, nicht aber die Zeit zum Studium haben. Andere würden durch ihre Faulheit gehindert. Wenn man diesen allen die zu wissenden Wahrheiten nicht vorlege, würden schlicht zu wenige Leute ein Wissen über Gott zuteil.

Als weiteres Argument nennt er die Zeit. Selbst unter günstigsten Umständen würde es doch immer sehr lange dauern, bis man zu den Tiefen der Wahrheit vorstoßen könne. Hier erwähnt er schließlich auch die jungen Leute, die verständlicherweise noch viel zu sehr mit ganz anderen Leidenschaften beschäftigt seien. Schließlich sei da noch der Umstand zu berücksichtigen, dass kein Forschen frei von Irrtümern sei. Auch das, was am klarsten bewiesen sei, unterliege schon mal Zweifeln, wenn die Kraft der Beweise nicht gesehen werden könne. Schließlich sei immer auch mit sophistischen Argumenten zu rechnen, mit Wahrheiten also, die vom Eigennutz der Leute, die sie erzählen, mindestens leicht entstellt worden seien.

Alles in allem wäre es also heilsam, dass Gott Vorsorge getroffen habe. Dadurch habe der Mensch, im Glauben nämlich, eine sichere Möglichkeit, ohne Irrtum und Zweifel an der göttlichen Wahrheit teilhaben zu können. Man kann schon sehen, dass das Glauben bei Thomas eine Sache ist, die mit Sicherheit und Wissen zu tun hat. Davon wird noch die Rede sein.

ScG I,5: "Es ist angemessen, die Glaubensdinge, die das Forschen des Verstandes übersteigen, den Menschen zum Glauben vorzulegen.

Der Islam und die übernatürliche Verheißung

Eines Tages kam an unserer Schule ein Mädchen aus der zehnten Klasse zu mir und bat mich, ihr einen Koran zu geben. Sie wusste, dass ich einen besitze, und den hätte ich ihr auch gern anvertraut, bis sie sich selbst einen kaufen konnte. Das Mädchen wolle Muslima werden, meinte sie, und ich glaubte gleich zu wissen, wonach sie sich sehnte, denn ich kannte das Mädchen gut.

Sie lebte in einem Zuhause, das alles mögliche, aber kein Zuhause war. Ihr Stiefvater hatte sich zu einer schweren Enttäuschung entwickelt. Der nahm sich alles, ohne was zu geben, und er machte so ziemlich alles falsch, was falsch zu machen war. Es brauchte nicht viel um sich auszurechnen, dass meine Schülerin nach einer Ordnung verlangte, in der man immer schon alles richtig macht, wenn man sich ihr nur unterwirft.

Da ich meine Schülerin und auch den Koran einigermaßen kannte, hätte ich keine Bedenken gehabt, ihr meinen zu geben. Sie wäre mit ein bisschen Einsicht nie eine Muslima geworden. Man kann dem Koran alles mögliche vorwerfen, nicht aber, dass er ein Blatt vor den Mund nimmt. Meine muslimischen Freunde sind allesamt friedliebende Menschen, und man muss ihnen ihre Meinung zugestehen, dass der Islam eine Religion des Friedens ist. Man wird sich hier und da aber darüber zu unterhalten haben, was man jeweils unter dem Frieden versteht, worauf er gründet und mit welchen Mitteln er gehalten werden soll. Meine junge Freundin hat sich jedenfalls nach kurzer Zeit wieder ganz anders entschieden, und das aus Gründen, die mit Religion eigentlich nicht zu tun hatten. Sie wollte ja auch ohne religiöse Gründe eine Muslima sein.

Thomas kommt im fünften Kapitel auf den Islam zu sprechen, und vorwegnehmend kann ich ankündigen, dass er im nächsten Kapitel sagt, was er von ihm und seinem Gründer hält. Er sagt das in der gleichen, schlichten Klarheit, in der der Koran das Seine verkündet. Thomas spricht hier allerdings erst noch einmal von jener Art Wahrheit, die der Mensch mit allem Forschen und Bedenken nicht untersuchen kann und die alles menschliche Fassungsvermögen übersteigt. Er tritt an, um darzulegen, warum man den Menschen auch diese Seite der Wahrheit zum Glauben vorlegen sollte. Er sagt, kein Studium und keine Mühe würden sich auf etwas richten, wovon man keinerlei Schimmer einer Ahnung hat. Damit jemand überhaupt einen Weg antritt, muss ihm bereits irgendein Reiz und ein Ziel vor Augen stehen, woraufhin es gehen soll. Gott habe es nun so eingerichtet, dass der Mensch lernen solle, sich nach etwas zu sehnen, was alles Irdische übersteigt. Dem Christentum allein sei es gegeben und in die Wiege gelegt, eine Sehnsucht solcher Art anzufachen und ein Ziel zu verheißen, das alles übertreffe.

Hier unterscheidet sich das Christentum in der Tat von seinem Hauptkonkurrenten, um den es geht. Es wundern, aber ich habe immer das Gefühl, dass der Islam mit seinem Paradies gar nicht Gott als Höchstes verkündet, sondern irgendwelche Vergnügungen darin. Ich kann mich des Eindrucks nicht erwehren, als habe das Paradies der Muslime mit Gott nicht viel mehr zu tun haben muss, als dass es von ihm geschaffen wurde. Meine muslimischen Freunde sagen zwar, dass zu den Freuden im Paradies wohl auch eine Gottesschau gehöre. Sie fangen aber nie damit an. Das christliche Mittelalter machte dem Islam insgesamt den Vorwurf einer gewissen Primitivität, weil es auch in seinen Verheißungen im Grunde immer irdisch blieb. Thomas wirft dem Islam vor, zunächst nichts anderes zu sein, als das Versprechen, mehr oder weniger niedrige Triebe zu befriedigen. Die eigentliche und erste Größe des Christlichen bestehe dagegen darin, ein ewiges und zutiefst geistiges Gut anzubieten. Dabei geht es um nichts Geringeres als den ewig heiligen Gott zu schauen. Der Gerechtigkeit halber sollte man allerdings sagen, dass in der christlichen Unterweisung von den letzten Dingen auch nur wenig zu hören ist.

Thomas zitiert den Heiden Aristoteles, der bereits lange vor Christus gegenüber seinen Gegnern angedeutet hatte, der Mensch müsse sich eigentlich mit seinem ganzen Streben auf das Göttliche richten. Auch nur wenig hiervon zu verstehen bedeute eine unendlich viel größere Freude und Liebe, als viel von der Welt zu durchschauen. Wenn die menschliche Vernunft dasjenige, was sie übersteige, auch nicht fassen kann, so erlangt sie doch eine hohe Vollkommenheit, wenn sie die Dinge wenigstens auf die Weise des Glaubens annimmt.

ScG I,6: "Die Zustimmung zu den Glaubensdingen geschieht nicht leichtfertig, obgleich sie die Vernunft übersteigen."

Einteilung in Richtiges und Falsches

Im sechsten Kapitel sagt der Heilige ziemlich deutlich, was er vom Islam und von seinem Gründer hält, und beides kommt nicht besonders gut weg. Thomas hat kein Problem damit, seine eigene Religion wirklich richtig zu finden. Oder besser gesagt, er findet seine Religion derart richtig, dass jede andere in seinen Augen wirklich falsch ist.

Thomas kannte den Trend nicht, dass es in religiösen Dingen kein wirkliches Richtig und Falsch mehr geben soll. Das gehört kurz erklärt. Die Welt um uns hat eine logische Seite. Kein Schüler an unserer Schule würde mit seiner Bitte durchkommen, zwei und zwei würden fünf ergeben, nur, weil er doch so sehr an seiner Lösung hängt. Auch Weinen wird ihm das nichts nützen, das Ergebnis ist unbarmherzig vier, weil es unbarmherzig logisch ist. Alle Welt besteht zu Recht darauf, dass immer etwas genau so falsch sein muss, wie sein Gegenteil richtig ist. Ohne diese Prinzipien nicht, könnten wir uns nicht mal mehr ordentlich unterhalten, wenn nicht zuvor ganz klar wäre, dass es überhaupt so etwas wie falsch und richtig gibt. Die logische Seite der Welt wird von allen Menschen anerkannt.

In der Denkwelt des heiligen Thomas galt dieses Prinzip nun für die gesamte Welt, einschließlich Weltall, Himmel und Hölle. Für den modernen Denker unserer Tage gilt das offenbar nur noch für eine Hälfte. Es gilt nämlich nicht mehr für den geistigen Teil. In der nicht geistigen Welt kann man nicht ohne Blamage sagen, eine Wand sei zugleich schwarz und zugleich weiß. Immer muss man sich entscheiden: Sie ist entweder das oder das. In der Religion gehört es zum guten Ton, den größten Unsinn für möglich zu halten, nur weil sie irgendwie geistig ist. Das Christentum sagt, Christus habe die Menschen erlöst, weil sie unbedingt erlöst werden müssen, um nicht ins Unglück zu stürzen. Mohammed sagt, das sei falsch. Die Menschen bräuchten gar keine Erlösung. Es reiche, wenn Gott am Ende eine äußerliche Verzeihung ausspreche. Bei den Christen muss ein ganzes Verhältnis geheilt werden, und der Gegensatz ist eklatant. Der Logik nach kann es in dieser Frage nur eine richtige Lösung geben und eine muss wirklich falsch sein. Eine durchaus gängige Weltanschauung sagt, eine drastische Logik dürfe in geistigen Dingen irgendwie nicht gelten. Hier müssten jetzt beide Lösungen nebeneinander als ganz richtig angenommen werden, weil man nicht mehr streiten soll.

Die Christen sagen, Gott hat einen Sohn. Stimmt das, dann gibt es keinen Gott, der keinen hat. Die Muslime sagen, Gott sei vor allem kein Vater. Deshalb gibt es in ihrer religiösen Vorstellung keinen Gott, der einen Sohn hat. Beide Behauptungen stehen unauflöslich gegeneinander. Wenn es einen Gott gibt und wirklich nur einen, dann können beide Lösungen nicht zugleich wahr sein. Ich würde meinen, wer das behauptet, kann irgendwie gar nicht mehr weiter mitreden. Die allgemeine Meinung, aber, die sich herumspricht, verlangt aber genau das; Christentum und Islam seien im Grunde das selbe.

In der Gedankenwelt des heiligen Thomas steht die Logik in gewissem Sinn über allem. Ein Friede, der die Aufgabe von richtig oder falsch zur Voraussetzung hat, wäre in seinem Denken wohl eher ein fauler Friede, der nicht lange hält, weil er nicht tragfähig ist. Die moderne Weltanschauung dagegen sagt, der faule Friede sei der einzig mögliche. Die Logik in geistigen Dingen, heißt es schon mal, würde dagegen zum Krieg führen. Der heilige Benedikt von Nursia schrieb in seiner Regel, die eine tragende Säule für das gesamte Ordensleben des Abendlandes war, der Mönch solle keinen falschen Frieden schließen. Dahinter steht die Annahme, dass ein falscher Friede kein wirklicher Friede ist. In unserer Welt haben wir es dagegen mit der Annahme zu tun, dass falsch hier gar nicht falsch, sondern auch irgendwie auch richtig sei. Man müsse aufhören, von seinem festen Glauben zu reden und am besten ganz aufhören, religiös wirklich zu glauben. Das ist eine Forderung, die der heilige Thomas nicht durchgehen ließe, und wer auf ihr besteht, wird sich an ihm immer den Schädel wund reiben.

ScG 1,7: "Die Wahrheit des Glaubens steht der Wahrheit der Vernunft nicht entgegen."

Der heilige Thomas und die eine Welt

Wir Kinder kannten zwei Welten. Die eine war unsere, und in ihr bestimmten wir die Regeln. Wenn die Großen mitspielen wollten, dann hatten sie genau diese zu achten. In der Spielwelt konnten Tiere sprechen und Autos fliegen. Sobald die Mutter zum Essen rief, fiel die Welt zusammen, wie wenn ein Bühnenbild eingerollt wird. Die normale Welt war eine echte Konkurrenz. Sie war die größere, die unsere kleine in sich barg und uns erlaubte, sie für eine bestimmte Zeit aufzurichten.

Der heilige Franziskus war als Junge ein Spielkind gewesen, und sein Vater, der ein reicher Tuchhändler war, schaute sich das Spiel lange an, solange es nur Spiel war. Als der Herr Sohn aber anfing, die wirklichen Tuchballen seines Geschäftes zu verkaufen, um das Geld den Armen zu geben, gehörte dem Spuk sofort ein Ende gesetzt. Der Sohn nahm sich etwas Verbotenes heraus: Er erklärte den Laden seines Vaters zum Teil seiner Spielwelt. Er brach das große Tabu und verkündete, alles sei genau umgekehrt: Die große Welt sei in Wirklichkeit das Unwirkliche! Sein Vater konnte seinen Sohn auch mit den strengen Maßnahmen seiner Erziehung nicht abhalten. Und als dieser später viele junge Leute mit in seine Welt zog und später sogar zum Papst nach Rom zog, der seine Regeln akzeptieren sollte, erschütterte er nicht nur das kleine Assisi.

Dieses Dilemma ist bis heute das Dilemma des Religiösen in der Welt. Unsere frommen Eltern beten mit dem Pfarrer um geistliche Berufungen, solange es nicht der eigene Sohn ist. Der soll schließlich den Laden des Vaters übernehmen.

Wenn man so möchte, kann man den atheistischen Aufstand der Moderne als eine Art Versuch werten, die wirkliche, alles umfassende, nüchterne und berechenbare Welt gegen die märchenhafte Spielwelt des Mittelalters durchzusetzen. In der Wissenschaft gibt es keine Wunder. Der heilige Thomas ist, wie Franz auch, ein Sohn des Mittelalters und die Kirche spricht weitgehend seine Sprache. Er überschreibt sein siebtes Kapitel unserer Summe mit der Behauptung, die Wahrheit des christlichen Glaubens und die Wahrheit der Vernunft könnten sich nicht wirklich entgegenstehen.

Etwas grob gesagt, meint das, die Wahrheiten des Glaubens mit seinen Wundern und Eigentümlichkeiten kommen von Gott. Die vernünftigen Wahrheiten der schlichten Wissenschaft ebenso. Deshalb dürften sie sich eigentlich nicht widersprechen. Das markiert den Aufstand! Die religiöse Welt will die nüchterne Welt des gesamten Kosmos erobern und in sich einverleiben. Das würde für die Eltern der Moderne heißen, sie können die religiösen Kinder nicht in ihre Welt rufen. Sie können vor allem das böse Spiel nicht beenden, wann sie es wünschen. Die Religion, die ja jeder haben darf, solange sie eine private, kleine Spielerei bleibt, erlaubt sich zu erklären, die ganze, große Welt sei ihre! Das macht die Alten nervös und lässt die Fürsten erzittern, wie wenn König Löwenherz an der heimischen Küste landet und dem Robin Hood in die Arme fällt.

Thomas geht nüchtern vor, um das Nüchterne aufzulösen. Er sagt, die nüchterne Welt des denkenden Verstandes ruhe bekanntermaßen auf einem Fundament, dem nichts und niemand widersprechen könne. Auf dem Bodensatz des gemeinsamen Denkens gebe es unausgesprochene Regeln, die so fest stünden, dass man nicht einmal denken könne, sie seien falsch. Hier gibt es das Spiel der Ausnahmen nicht. Man kann sich eben nicht wirklich vorstellen, dass ein Teil größer ist als das Ganze. Das Entscheidende dabei ist aber, dass der Heilige verkündet, diese Bedingungen kämen direkt vom Gott der Wunder, der sie der Welt mit ihrer Erschaffung auf den Weg gegeben hat. Die Wahrheiten des Glaubens, die er ja mit so vielen Wundern bezeuge, die kämen aus der gleichen Quelle! Damit erklärt er die gesamte Welt für wirklich, und das genau von der Welt her, die ansonsten gern zur unwirklichen Spielwelt erklärt wird. Aufs Ganze gesehen behauptet der Aquinate hier etwas Weitreichendes. Er sagt nicht nur, die gesamte Glaubenswelt könne der des vernünftigen Verstandes grundsätzlich nicht widersprechen. Umgekehrt stelle sich die Welt des Denkens eigentlich auch nie gegen den Glauben, ohne im Irrtum zu sein. Das bedeutet nicht weniger, als dass der Glaube mit dem gesunden Menschenverstand eine Ehe einzugehen hat. Oder besser gesagt, Glaube und Vernunft sind als Einheit zu denken, weil sie sich der selben Quelle verdanken.

ScG I,8: Wie sich die menschliche Vernunft zur Wahrheit des Glaubens verhält.

Das Religiöse und die menschliche Vernunft

Wenn gestrandete Leute gesehen und gefunden werden wollen, dann schießen sie eine Leuchtrakete ab. Als Papst Benedikt sein Amt antrat, war er beileibe kein Gestrandeter. Es ging ihm auch nicht darum, gesehen und gefunden zu werden. Sein Amt sorgt ganz von selbst für viel mehr Beachtung, als er sich je gewünscht hat. Und doch schoss er eine Rakete ab, weil möglichst die ganze Welt eine Botschaft zur Kenntnis nehmen sollte. Das Geschoss brannte zwar manchen bei seiner Landung das Sofa an, und viele reagierten eher pikiert als dass sie freudig eingestiegen wären. Dennoch, die Botschaft liegt dem Papst am Herzen. Er fordert von den Katholiken und bittet alle anderen, die Religion an die menschliche Vernunft zu koppeln; und das nicht so, wie wenn man etwas Neues einführt, sondern eher, wie wenn man etwas wieder entdeckt, was eigentlich immer so gemeint war, und was vernachlässigt und vergessen wurde. Die Botschaft lautet: Wenn die menschliche Religion nicht mit Vernunft zu tun hat und die Vernunft nicht mit Religiosität, dann kommt beides nicht in rechter Weise zu sich und dahin, wohin es soll. Vielmehr steht immer eine Gefahr im Raum, dass Anmaßungen und fatale Irrtümer sich breit machen.

Der heilige Thomas bedenkt im achten Kapitel genau dieses Verhältnis und beginnt mit einer Vorgabe, die für ihn selbstverständlich ist: Alle Dinge in der Welt sind in gewisser Weise Spuren, die der Schöpfer gelegt hat. Die sollte dann auch jeder lesen, der sie lesen kann.

Wenn irgendwo in der Wildnis ein neugeborenes Pferd auf der Wiese steht, dann sieht ihm jeder gleich an, dass irgendwo das Muttertier in der Nähe sein muss oder zumindest war. Das Kleine ist eine Spur für das Große, und es ist nichts anderes, als die menschliche Vernunft, die diesen zwingenden Schluss zieht. In ähnlicher Weise sind alle Geschöpfe Spuren, die ihr Schöpfer legt. Das ganze hat nur einen Haken. Bei Pferden sagt der vernünftige Schluss: Das Muttertier ist ebenfalls ein Pferd und Pferde sind allen bestens bekannt. Der Schöpfer ist aber kein bekanntes Muttertier. Er ist vielmehr bei allem, was wir von ihm wissen, der große Unbekannte.

Vielleicht ist es ein bisschen, wie wenn ein kleines Boot an der Seite eines großen festmacht. Die Insassen des kleinen wissen zwar, dass das große ein Schiff ist. Sie wissen viel über Schiffe und viel darüber, was sie ausmacht. Sie wissen aber nicht, was sich alles hinter der dicken Wand verbirgt, an der sie festmachen. Solange sie nicht einsteigen können, bleibt immer viel mehr unbekannt, als bekannt ist. Es bleibt aber ein großes, Geborgenheit spendendes Ding, an dem festzumachen geboten ist.

(Der Vergleich hinkt natürlich. Jeder Vergleich hinkt, dieser aber ganz besonders. Bei den beiden Schiffen kann man wenigstens noch sagen, dass beides Schiffe sind. Gott aber ist, wie wir noch sehen werden, in keiner Weise mit irgendetwas aus der Welt derart vergleichbar, als dass er eine Gemeinsamkeit auch wirklich an sich hätte. Davon wird noch die Rede sein. Ich schreibe das hier nur, damit die Gelehrten meiner Leser mir hier und bei meinem gesamten Unternehmen meine hinkenden Vergleiche nachsehen.)

Die Sache mit dem Schöpfer und den Geschöpfen hat also gleich zu Beginn schon einen schweren Haken. Thomas gibt aber zu bedenken, was er gern und öfter sagt: Bei allen Haken und allen Unsicherheiten sei es doch immer die größere und schönste Freude, auch nur wenig von den göttlichen Dingen, die er die höchsten nennt, zu kosten. Schon Aristoteles, den Thomas liebevoll nur „den Philosophen" nennt, hatte gesehen, dass der Mensch von Natur aus auf Wissen aus ist und dass ihm das Verstehen der geistigen, höheren Dinge die größte aller Freuden ist, oder eigentlich sein sollte.

ScG I,9: "Von der Ordnung und der Weise des Vorgehens in diesem Werk."

Wie Thomas vorgehen will

Im neunten Kapitel schiebt Thomas ein paar Gedanken ein, die seine weitere Vorgehensweise betreffen. Er sagt noch einmal, wie er in seiner Summe ans Werk zu gehen gedenkt. Dabei fasst er zusammen, dass es in der heiligen Wissenschaft grundsätzlich ja diese beiden Weisen der Wahrheit gibt, nämlich eine, die man bedenken kann und eine, die unbekannt bleibt. Das sind allerdings keine zwei Weisen in Gott, sondern nur zwei Weisen auf Seiten des Menschen.

Thomas greift vor und sagt hier schon mal, was er später erst erklärt: Gott ist eine ganz einfache Wahrheit. Da gibt es nichts zu trennen und da kann auch nichts geteilt sein. Die Trennung kommt nur deshalb zustande, weil der Mensch in seinem Verstehen ab einer gewissen Grenze nicht mehr weiter kann. Ab da beginnt dann eben der Bereich, in dem sein Erkennen sozusagen aufgeben muss. Ab da sollte er sich im besten Sinn des Wortes von jemandem etwas sagen lassen, der es besser weiß. Hier sollte vielleicht noch mal bemerkt werden, dass es eine törichte Haltung gibt, nämlich zu sagen, alles, was der Mensch nicht begreifen kann, das könne es deshalb auch nicht geben.

Ein guter Teil des modernen Atheismus setzt ganz auf diese Haltung, in dem er sagt, die Welt könne keinen Gott haben, weil unsere Wissenschaft ihn nicht entdeckt. Es ist aber so, dass die Bedingungen unserer Erkenntnis nur für das Land gelten, in dem wir leben und in dem wir uns auskennen. Wenn wir an die Grenze stoßen, sollten wir nicht einfach behaupten, auf der anderen Seite könnten keine Bedingungen gelten, die uns überlegen sind.

Dies Sehweise ist nicht demütig. Sie behauptet einfach, dass ihre eigenen Grenzen gefälligst die Grenzen von allem zu sein haben. Dieser Irrtum macht aber genau das Dilemma. Thomas erkennt an, dass wir im Land drüben nichts beweisen können. Wir können nicht mal erkennen, was da ist. Wir wissen es aber. Und dieses Wissen ist ein Schatz, der uns von drüben her aus freien Stücken mitgeteilt wurde.

Nun ist es so, dass wir innerhalb unseres bekannten Landes in allen Sachen Beweise und Gegenbeweise liefern können. Drüben, im Unbekannten dagegen können wir gar nichts belegen. Es hat also keinen Sinn, den Ungläubigen Versuche zu bieten, die ihnen etwas aus der Welt drüben beweisen wollen. Wenn hier überhaupt etwas überzeugen kann, dann sind es Wunder von Seiten Gottes oder Autoritäten aus anerkannten, heiligen Schriften. Wir haben sozusagen nur einige Karten von drüben mit ein paar Zeichen drauf in der Hand. Niemand von uns weiß, wie sie gedruckt wurden und wir können darüber nicht streiten. Eins aber können wir wohl: Die Argumente von unserer Seite der Grenze widerlegen, die beweisen wollen, die Karten könnten nicht von drüben sein.

Thomas teilt nun die Menschen gleichsam in zwei Gruppen, und zwar in jene, die das mit den Karten und dem Wissen von drüben her bereits glauben und in jene, die diesen Dingen keinen Glauben schenken. Er sagt, unter den Glaubenden unterhält man sich über Bilder und Argumente, die Wahrscheinlichkeiten zeigen. Diese stärken und trösten die, die bereits glauben. Sie sind allerdings „nur" Wahrscheinlichkeiten, mögen sie auch noch so zwingend wahrscheinlich sein. Thomas macht sich nichts vor: Diese Reden werden die Ungläubigen nicht zum Glauben führen, sondern im Gegenteil, eher in ihrem Unglauben bestärken, nämlich, wenn sie meinen, der Glaube der Gläubigen würde auf Wahrscheinlichkeiten bauen. Es nützt also nichts. Es wird auf etwas hinauslaufen, was Thomas an anderer Stelle sehr deutlich sagt: Das jemand glaubt oder nicht, hängt zunächst weniger von starken oder schwachen Argumenten ab. Ob jemand glaubt oder nicht, hängt erst einmal davon ab, ob er glauben will oder nicht. „Niemand glaubt, es sei denn er will glauben", ist ein Satz, den Augustinus achthundert Jahre vor Thomas bereits niedergeschrieben hatte und den der Heilige oft und gern zitiert.

Thomas erklärt zum Schluss also seinen Plan: Er möchte zeigen, was der Glaube bekennt und die Vernunft von Gott bedenken kann. Sein Werk hat drei Teile und insgesamt zweihundertsechzig Kapitel. Der erste Teil handelt von Gott selbst, der zweite von dem, was aus Gott hervorgeht, und im dritten Teil wird besprochen, wie und mit welchen Hilfen die Geschöpfe auf ihren Schöpfer hin unterwegs sind.

ScG I,10: "Über die Meinung derer, die sagen, man könne Gott gar nicht beweisen, weil viel zu klar einleuchte, dass er ist."

Der heilige Thomas und der Gottesbeweis des heiligen Anselm

Thomas bekannte am Ende seines Lebens, dass er die Gabe hatte, jedes Buch, das er las, sofort zu verstehen. Mir geht es ganz anders. Es gab schon manche Seite, die ich beim besten Willen nicht verstehen konnte. Und viele von denen, die ich verstanden habe, musste ich gleich mehrmals und langsam durcharbeiten; richtig erobern, wie feindliche Burgen, die sich nicht ergeben wollen.

Thomas ist zweifellos manchmal etwas kompliziert. Das liegt aber nicht daran, dass er einfache Dinge schwierig macht. Das liegt vielmehr daran, dass sich die Dinge, über die er spricht, nicht einfacher erklären lassen.

Wenn Schüler, die in der Mathematik schon etwas fortgeschritten sind, den Namen Pythagoras hören, leuchtet in ihren Köpfen sofort ein Dreieck. Fragt man sie, was sie mit dem Namen verbinden, nennen sie gleich den Satz mit A, B und C, mit dem man deren Länge einer Seite berechnen kann. Fortgeschrittene Schüler der Theologie, die den Namen des heiligen Anselm hören, fühlen sich wahrscheinlich gleich an seinen „Gottesbeweis" erinnert. Andere, die das Wort „Gottesbeweis" hören, denken sofort an den heiligen Thomas. Beides liegt daran, dass sowohl der heilige Anselm, als auch der heilige Thomas berühmt wurden, weil sie versucht haben, Gott zu beweisen.

Thomas selbst hat beim Namen Anselm aber etwas anderes im Kopf. Er nähert sich im zehnten Kapitel seiner Summe zwar verschiedenen Gottesbeweisen. Den Anselm aber zählt er zu denen, die zeigen wollten, dass man Gott gar nicht beweisen müsse.

Das klingt etwas paradox, aber Thomas geht davon aus, dass man nur das beweisen muss, was nicht von vorn herein klar ist. Sein oft genanntes Beispiel nennt er auch hier: Man muss nicht beweisen, dass ein Teil kleiner ist als das Ganze. Jeder weiß, dass ein Stück Torte kleiner ist als der ganze Kuchen. Das ist schon immer viel zu klar, als dass man es beweisen muss. Ich muss mir nicht beweisen, dass ich gerade schreibe. Wenn ich irgendetwas beweisen sollte, dann würde ich die Tatsache, dass ich da bin, zu den möglichen Voraussetzungen zählen. Wann immer irgendjemand einem anderen etwas beweisen will, sei es, was es wolle, so müssen beide von Tatsachen ausgehen können, die sie nicht mehr beweisen brauchen.

Wenn man Thomas glaubt, dann will der Gottesbeweis des heiligen Anselm sagen, dass man Gott eigentlich gar nicht mehr beweisen braucht. Wie immer, Anselm ist seinem Gottesbeweis berühmt geworden. Thomas widerspricht ihm aber und sagt, dass er Fehler begeht, die seinen gesamten Beweis zusammenfallen lassen.

Dabei macht er etwas, was dem heutigen Leser doppelt eigentümlich vorkommen muss. Er sagt wohl, Anselm sei im Irrtum. Damit sagt er aber nicht, was heute alle sagen; nämlich, dass man Gott nicht beweisen kann. Er sagt etwas anderes: Anselm irrt sich, Gott ist nämlich alles andere als selbstverständlich! Deshalb muss man nicht beweisen, dass man ihn nicht beweisen braucht, sondern man muss vielmehr beweisen, dass es ihn gibt.

Heute sagt eigentlich jeder, nichts und niemand könne Gott beweisen. Viele Leute, die den Thomas lieben und die seine Ehre retten wollen, sagen deshalb, Thomas hätte zwar Gottesbeweise geschrieben. Er hätte das aber gar nicht so gemeint, im Grunde sei er der gleichen Ansicht wie wir, nämlich, dass Gott völlig unbeweisbar ist. Ich habe das ehrlich gesagt nie finden können. Mir macht der heilige Thomas eigentlich immer den Eindruck, als meine er wirklich, man könne Gottes Dasein beweisen. Darauf sollten wir noch kommen. Für die, die es interessiert, würde ich aber als nächstes gern etwas zu den Gedanken des heiligen Anselm sagen.

ScG 1,11: "Zurückweisung und Widerlegung der zuvor angeführten Argumente"

Der Glaube, das Denken und das Fühlen

Wenn mich jemand fragen würde, worin ein bedeutender Unterschied zwischen der Zeit des heiligen Thomas uns unserer liegt, würde ich wahrscheinlich das Denken nennen. Ich würde besser gesagt meinen, dass das Denken früher eine große Autorität, ja, die eigentliche Autorität war. Heute ist das nicht so. Heute ist an Stelle des Denkens das Fühlen getreten. Vor Zeiten hatte das Denken zu sagen, das Denken war der Chef im Haus. Irgendwann hat sich das Gefühl aufgemacht, die Bastionen gestürmt und sich auf den Thron gesetzt, der ihm – mittelalterlich gedacht – nicht zusteht.

Das beste Beispiel ist die moderne Ehe. Niemand springt entsetzt auf und protestiert, wenn jemand sagt, er verlasse seine Familie und seine Kinder, weil er nichts mehr für sie fühlt. Das geht als völlig in Ordnung durch, wie wenn jemand sagt, er müsse etwas essen oder er müsse schlafen gehen. Das funktioniert erst, wenn das Gefühl den Thron der Herrschaft bestiegen hat. Als das Gefühl noch irgendwo im Parlament saß und nicht mehr zu sagen hatte, als andere auch, hätte das Argument nicht gegolten. Jeder hätte gesagt: „Was Du gerade fühlst oder nicht, hat nicht viel zu sagen. Bedenke doch mal, dieses oder jenes!" Die Entscheidung wäre aus dem Nachdenken gekommen. Der Unterschied ist nicht, dass man das nicht sagt. Auch heute sagen die Anwälte der Ehe, der Betreffende solle doch mal nachdenken. Entscheidend ist, dass sich der Mensch nicht mehr für das Entscheiden muss, was er denkt, sondern eben, was er fühlt.

Ich kann am besten erläutern, was ich meine, wenn ich in zwei Worten die Geschichte eines Bekannten beschreibe, der sich irgendwann einmal für den Glauben, dann wieder gegen ihn entschieden hat. Er hatte den Glauben mit größter Freude angenommen, vor allem, weil er ihm seine Welt erklärte und die großen Lebensfragen beantworten konnte. Er fühlte sich sicher und geborgen, und der Glaube gab ihm Halt. Mit wehenden Fahnen lief er in die Kirche und ließ sich in sie hinein taufen. Irgendwann kam er und sagte, er habe den Weg innerlich wieder verlassen und erkannt, dass er jetzt seinem Gefühl folgen müsse; und dieses Gefühl habe ihm gesagt, dass ihm das alles in seiner Situation gar nicht gut tue.

Auch da hätte man zur Zeit des heiligen Thomas wahrscheinlich überall gesagt, das sei alles ganz normal, wie in der Ehe. Gefühle kommen und gehen. Wer sich von ihnen treiben lässt, der wird eben hin und her getrieben. Man darf sich beim Segeln nicht nach dem Wind richten, sondern nach den Befehlen des Kapitäns, der schon mal beschließt, gegen den Wind anzusteuern. Anders erreicht man den Hafen nicht. Dagegen sagen die Abgesandten des Gefühls, der Hafen sei gar nicht mehr entscheidend. Entscheidend sei lediglich, dass man fahre und immer die Brise im Rücken genießen könne.

Wenn wir in unserem Kommentar fortfahren sollen, dann sollten wir diesen Umstand bedenken. Wir segeln nämlich auf die Gottesbeweise zu, und bei denen ist die entscheidende Frage eigentlich immer: Was kann man denken, und was nicht. Man machte sich derartige Mühe, auf dem Weg des Denkens über die Gottesfrage zu entscheiden, weil man davon ausging, dass die Entscheidung auch wirklich etwas entscheiden würde. Heute müssen sich die Schüler der Philosophie nur noch im ersten Semester und ganz kurz mit den Gottesbeweisen beschäftigen, und die Gott beweisenden Theologen werden milde belächelt, als ob sie ihre Äpfel noch mit Faustkeilen geschält hätten.

Als Thomas seine Summe schrieb, waren die Argumente in aller Munde, mit denen der heilige Anselm per Gedanken nachweisen wollte, dass es Gott gibt. Thomas nennt Anselm nicht mit Namen, weil er nicht nur gegen ihn allein spricht, sondern ebenso gegen manche Zeitgenossen, die hinter dessen Thesen standen. Im dritten Kapitel des Büchleins „Proslogion" hatte der heilige Anselm zum Beispiel gesagt, man könne eigentlich nicht mehr wirklich denken, dass es Gott nicht gibt, sobald man mit Gott auch wirklich Gott meine. Er sagt sogar, dass jene „Toren", die im Psalm gesagt hatten, es gebe keinen Gott, dass die vor lauter Dummheit gar nicht wirklich gedacht hätten. Thomas widerspricht, indem er das Denken der Toren als wirkliches Denken anerkennt.

ScG 1,11: "Zurückweisung und Widerlegung der zuvor angeführten Argumente"

Muss es Gott geben, weil er der Größte ist?

Wenn es zur Zeit meines Studierens etwas gab, was niemand wollte, dann war das der Ruf, mittelalterlich zu sein. Das war das Schlimmste. Der Ruf, mittelalterlich zu sein, bedeutete nämlich etwas Entsetzliches: Wer mittelalterlich war, der war gegen die Art der neuen Richtung, menschlich zu sein, und ich weiß nicht warum, alle glaubten aber, dieser Entwurf der Menschlichkeit sei der einzig mögliche. Irgendwie dachten alle, jetzt würde endlich alles gut und man genoss das unendlich tiefe Glück, in einer Zeit leben zu dürfen, in der sich die Menschen endlich aus überkommenen Fesseln und Flammen befreiten. Der Mittelalterliche dagegen war der, der grinsend unten am Feuer saß, um die alten Öfen zu heizen.

Das blieb lange so, und wenn man heute die in die Jahre gekommenen Veteranen reden hört, dann vernimmt man immer noch, wie ihnen der Schrecken in die Glieder fährt, wenn sie das Wort Mittelalter aussprechen müssen. Für Hans Küng etwa ist das Wort Mittelalter immer noch ein Kampfbegriff und eine alte Keule, die er nicht aus der Hand legen kann.

Ganz anders ging es mir, als ich vor kurzem im Werk des Atheisten Dawkins blätterte. Was mich dort wunderte war, dass er offenbar ganz ungeniert und mit der Unschuld eines Kindes die alten, mittelalterlichen Techniken der Gottesbeweise wieder zu Ehren kommen lassen wollte. Mit dem Unterschied allerdings, dass er zu beweisen suchte, dass es Gott nicht gibt.

Ich kann zu Dawkins nicht viel sagen, weil ich sein Buch nach kurzem Stöbern aus Zeitgründen wieder zugeschlagen habe, um mich Dingen zu widmen, die mir sinnvoller erscheinen. Was mich aber freute, war, dass mir jemand aus dem gegnerischen Lager die Werkzeuge wieder zurückbrachte, auch wenn er auf etwas törichte Wiese den Versuch anstellte, mit mittelalterlichen Methoden das Mittelalter zu widerlegen.

Der heilige Thomas nähert sich seinen eigenen Gottesbeweisen, und das tut er, in dem er zwei Gedankengänge vorschaltet. Er zitiert Leute, die sagen, man könne Gott eigentlich gar nicht beweisen, weil viel zu selbstverständlich sei, dass es ihn gibt. Im nächsten Schritt wird er sich an die Gedanken jener begeben, die sagen, man könne Gott nicht beweisen, weil man ihn nur glauben kann.

Für den ersten Teil zitiert er den heiligen Anselm. Der hatte eine These aufgestellt, die in aller Munde war: Wenn man Gott sagt, dann muss man das Allergrößte meinen. Gott muss von der Art sein, dass man über ihn hinaus nichts denken kann, was in irgendeiner Weise mehr ist. Dann geht der Gedanke einen Schritt weiter: Wenn man Gott denken kann, dann ist er sozusagen im Gedächtnis. Wenn aber Gott „nur" im Gedächtnis ist, dann kann er nicht das Größte sein. Viel größer wäre er doch gedacht, wenn er zugleich im Gedächtnis und in der Wirklichkeit existieren würde. Nur im Gedächtnis sein sei weniger als im Gedächtnis und in Wirklichkeit.

Dieser Gedanke hatte eingeschlagen und Generationen von Schülern nachdenklich gemacht. Es hatte unter den Zeitgenossen des heiligen Anselm allerdings schon solche gegeben, die ihm sagten, die Rechnung würde nicht aufgehen. Thomas meint das auch. Er sagt, im Gedächtnis sein und in der Wirklichkeit sein, das seien ganz verschiedene Dinge, die man nicht in einem Gedanken auf gleiche Ebene heben dürfe. Die Leute, die sagen, sie denken Gott, ohne an ihn zu glauben, würden sich nicht widersprechen. Einen Teller Suppe nur denken und einen zu haben haben, ist keine Frage der Größe, sondern es sind zwei ganz verschiedene Weisen des Daseins.

Thomas hat allerdings mit der Grundbehauptung schon seine Bedenken. Er hätte sicher jederzeit unterschrieben, dass Gott das Allergrößte ist. Dennoch sagt er, dass man im Fall Gottes nicht zwangsläufig denken muss, was Anselm behauptet. Er führt schlicht ins Feld, dass es auch Menschen gibt, die sagen, die ganze Welt zusammengenommen sei Gott.

Thomas macht sich zwar daran, den Gottesgedanken auf seine Art zu beweisen. Zuvor aber nimmt er sich die Zeit, jene zu widerlegen, die es anders versucht haben. Damit aber, dass er selbst einen Gottesbeweis antritt, macht er im Grunde nichts anderes, als seine Gedanken zur Diskussion frei zu geben. Diese Diskussion hat es reichlich gegeben. Die Gottesbeweise des heiligen Thomas wurden ebenso kritischen Prüfungen unterzogen und widerlegt, wo immer man meinte, das tun zu können. Sehr unehrenhaft ist es aber zu sagen, Thomas habe Unsinn geschrieben, nur weil seine Bücher schon so alt sind.

ScG I,12: "Über die Meinung derer, die glauben man könne Gott nicht beweisen, sondern müsse sein Dasein allein im Glauben festhalten."

Erste Einleitung zu den Gottesbeweisen

Im Politikunterricht in der Schule kündigte man eines Tages an, nun bald den Kommunismus zu behandeln. Auf dem Weg dahin wurden dessen geistige Grundlagen erörtert. Eine davon war die sogenannte moderne Religionskritik. Es hieß, ein Mann namens Feuerbach hatte den Religiösen der Welt vorgeworfen, sie würden nur aus dem Grund an Gott glauben, weil sie sich wünschten, einen Gott zu haben. Weil der Mensch sich klein vorkomme, würde er sich nach etwas großem sehnen. Deshalb projiziere er einen großen Gott an seine Leinwand, um eine Art unerträgliche Lücke zu füllen. Wenn der Mensch sich schwach fühle, projiziere er sich einen starken Gott.

Mir leuchtete das einigermaßen ein, zumal ich entdeckte, dass die Religionskritik ja genau so vorging. Die Kritiker schafften Gott ab, weil sie wünschten, keinen zu haben. Das war das gleiche, nur umgekehrt. Sie sagten im Gegensatz zu den Religiösen, der Mensch sei groß genug und immer noch am Wachsen. Deshalb bemühte man sich, die Projektoren, die Gott vorstellten, abzuschalten. Während es früher ohne Gott unerträglich gewesen war, war es jetzt mit Gott nicht mehr auszuhalten. Der kleine Mensch brauchte früher einen großen Gott, jetzt konnte der Mensch, der sich für groß hielt keinen mehr gebrauchen, der noch größer sein würde.

Wie gesagt, leuchtete mir das alles damals einigermaßen ein, es machte mich aber nicht ungläubig. Ich hielt es für einigermaßen natürlich, wenn die Menschen sich Götter geschaffen hatten, weil sie sich welche wünschten. Deshalb leuchtete mir auch einigermaßen ein, dass die neue Bewegung nun versuchte, die Götter aus dem selben, spiegelbildlichen Grund wieder abzuschaffen. Sie dachten eben anderes vom Menschen, das war der Unterschied.

Später lernte ich in der Philosophie allerdings, dass es seit alters her noch einen anderen Grund gegeben hatte, an Gott zu glauben. Dieser Grund war nicht mehr das Wünschen, sondern das Nachdenken. An die Stelle der Sehnsucht war die Logik getreten. Wenn die Kritiker Recht hatten, dann gab es die alten Götter, weil es so sein sollte. Nach der Vorstellung der Logiker musste es Gott geben, weil es eigentlich gar nicht anders sein konnte. Wenn jemand bei einer Wanderung im Wald plötzlich auf eine Lichtung stößt, in der ein komplettes Haus zu sehen ist, dann nimmt er unwillkürlich an, dass es einen Bauherren hatte. Da muss jemand gewesen sein, der wusste, was ein Haus ist und der vorhatte, eins zu bauen. Man wird sagen, es gibt viele Häuser, aber kein einziges, das nicht in der Absicht gebaut wurde, dass ein Haus entstehen sollte. Es gibt viele Häuser in der Welt, von denen niemand weiß, wer sie gebaut hat. Jeder weiß aber, dass sie gebaut worden sind, und zwar von Leuten, die Häuser bauen wollten.

Ganz ähnlich verhielt es sich mit der neuen Vorstellung von Gott. Kluge Leute hatten die Welt beobachtet und schlicht geschlossen, dass sie eigentlich einen Gott haben müsse. Sie sahen, dass sich die Dinge bewegten. Also dachten sie, die Bewegung müsse irgendwo her kommen. Wenn ein Stein durch die Luft fliegt, glaubt jeder, dass ihn einer geworfen haben muss. Die Denker dachten nun, es müsse eigentlich unmöglich sein, dass der Stein immer schon geflogen ist, ohne dass ihm irgendwann jemand seinen Schwung gegeben hat. Man nahm für die Bewegung, für die Entwicklung und Wirkungen in der Welt schlicht irgendwelche Anstöße an und war zugleich der Ansicht, ohne diese Anstöße sei die ganze Welt nicht denkbar.

Thomas schließt sich diesem Denken an und sagt, wenn man bei den Dingen, die einen Anfang haben müssen, bis zu diesem fortschreitet, dann komme man genau bei dem an, was alle Gott nennen.

ScG I,12 "Über die Meinung derer, die glauben man könne Gott nicht beweisen, sondern müsse sein Dasein allein im Glauben festhalten."

Zweite Einleitung zu den Gottesbeweisen

In der Zeit meine Studiums gehörte es also zum guten Ton, etwas mitleidvoll über die großen Gottesbeweise der Geistesgeschichte zu lächeln. Bei den Theologen, die in aller Regel nicht besonders viel Ahnung von der Philosophie haben, lächelte man, weil Beweise keinen Ungläubigen gläubig machen. In der Philosophie hieß es, nebenbei bemerkt, sie sei die einzige Wissenschaft, die sich selbst zum Thema hat. Dass das stimmte, merkte man gleich, und mir schien damals, dass die Philosophen so sehr über sich selbst nachdachten, dass sie gar nicht mehr dazu kam, die großen Gottesbeweise zu bedenken. Hier lächelte man müde, weil sie aus einer Theologie kam, die ohnehin als Wissenschaft durchgefallen war.

Bei den Theologen las man die Gottesbeweise also, wie wenn der Märchenonkel kommt. Sie galten als von primitiven Leuten erdacht, die noch an Drachen in Höhlen und Prinzessinnen glaubten. Kaum irgendwo schien man mehr zu glauben, dass die großen Gottesbeweise wirklich von großen Leuten geschrieben worden waren.

Man hatte bemerkt, dass kein Ungläubiger plötzlich zur Beichte läuft, wenn man ihm den Gottesbeweis des heiligen Anselm vorliest. Was mich allerdings damals schon störte, war, dass man dem heiligen Anselm offenbar nicht zutraute, dass er das auch nicht glaubte. Kein Mensch wird sich zur Taufe anmelden, wenn man mit ihm die philosophischen Gottesbeweise des heiligen Thomas durcharbeitet. Man las nicht einmal lange genug mit uns in seinen Büchern, dass wir hätten sehen können, dass Thomas das auch nicht dachte.

Die Gottesbeweise der alten Meister teilen das gleiche Schicksal wie das erste Buch der Bibel, in dem die Geschichte mit der Schöpfung steht. Seit man weiß, dass die Genesis uns nicht sagt, wie der erste Mensch entstanden ist, geht die Parole herum, sie hätte uns gar nichts mehr zu sagen.

Mir war immer klar, dass die Gottesbeweise allein nicht zum Glauben führen können. Mir leuchtete aber nicht ein, warum sie deshalb nichts beweisen sollten. Als ich studierte, traute ich mich nicht zu sagen, was ich heute schreibe: Ich fand die

Bedenken des heiligen Thomas gegen die Gottesbeweise des heiligen Anselm schon immer sehr plausibel. Was er zu den Gottesbeweisen des Aristoteles sagt, leuchtet mir auch bis heute ein, durchaus in dem Sinn, dass es Licht in die Welt meines Denkens trägt.

Wenn ein Stein an uns vorbei fliegt, sollte man, wie gesagt eigentlich denken, dass ihn jemand geworfen hat. Es wäre ziemlich verwegen anzunehmen, dass ausgerechnet dieser Stein derjenige ist, der schon immer wie der ewige Wandersmann durch die Welt geflogen kommt. In der gleichen schlichten Logik nimmt Thomas, dem Philosophen Aristoteles folgend an, dass eine Bewegungen in der Welt von etwas angestoßen worden sein müssen. Er nimmt an, das es etwas geben muss, das etwas bewegen kann, ohne es nötig zu haben, selbst bewegt worden zu sein.

In der Gedankenwelt des heiligen Thomas wäre es eben auch sehr verwegen zu glauben, dass die Bewegungen der Welt keinen unbewegten Ursprung zum Anlass haben. Ich gebe zu, dass ich das schon immer sehr einleuchtend fand und auch heute noch finde. Das liegt allerdings nicht daran, dass mich die Gottesbeweise zum Glauben zwingen würden. Vielmehr ist es umgekehrt: Mein Glaube hat mich dahin geführt, die Gedankenwelt des heiligen Thomas plausibel zu finden. Niemand sagt klarer als er, dass kein Mensch etwas glaubt, was er nicht glauben will. Damit verlagert sich das Thema Glauben auf außerhalb aller Beweismöglichkeiten. Dass Gott aber innerhalb der Glaubenswelt der Glaubenden sehr sicher bewiesen ist, darüber wird auch auf anderen Wegen noch zu reden sein.

ScG I,12 "Über die Meinung derer, die glauben man könne Gott nicht beweisen, sondern müsse sein Dasein allein im Glauben festhalten."

Ein Argument gegen alle Gottesbeweise

Jeder weiß, dass es Fliegen gibt, aber keiner kann einigermaßen umfassend sagen, wozu sie eigentlich gut sind. Manche belehren uns, sie seien Lebendfutter für die Vögel des Himmels. Andere sagen, sie neutralisieren durch ihren Flug die Luft nach einem Gewitter. Wieder andere sagen, sie seien nur da um zu nerven. Vielleicht haben alle Recht, wenn, dann aber nur zum Teil.

Keine Fliege ist nur dazu da Vögel zu füttern, keine ist nur dazu da, für gute Luft zu sorgen und schon gar nicht nur, damit wir etwas haben, dass für dünne Nerven sorgt. Die Frage, wozu Fliegen da sind, bleibt am Ende unbeantwortet, und niemand sie wirklich durchschauen. Einem Gedanken des heiligen Thomas folgend wird man sagen können: Wer das ganze Wesen einer Fliege wirklich sehen will, der muss die Gedanken dessen kennen, der alles gemacht und im Blick hat. Das kann niemand, außer Gott.

Ich will auf etwas hinaus, nämlich auf einen Unterschied, was die Fliege angeht. Wir wissen, dass sie ist, wir wissen aber nicht, was sie ist. An der Stelle der Summe, die ich gerade lese, macht der heilige Thomas auch einen solchen Unterschied. „Dass und Was" ist nicht dasselbe. Bei allen Dingen, die es in der Welt gibt, gibt es diese Unterscheidung, und wenn man genau hinsieht, dann muss man sie eigentlich auch machen.

Wer sich in die Welt des heiligen Thomas hineinversetzen will, der sollte sich an den Gedanken gewöhnen, dass er auf einer ziemlich strikten Trennung zwischen Dass und Was besteht. Bei ihm sind Dass und Was zwei verschiedene Dinge, aus denen alles irgendwie zusammengesetzt ist.

Wir sprechen hier von Fragen, die sich im Alltag keiner stellt. Kein Mensch macht sich Gedanken über das reine Sein der Milchkanne, die er nach Hause trägt. Jeder denkt an das Kühlsein der Milch, jeder denkt an das Gesundsein der Milch oder ihr Sauerwerden, wenn sie zu lange herum steht. Über das reine Sein der Milch nachzudenken, überlassen alle den Philosophen, von denen vielleicht kaum jemand wissen will, wer sie für ihre kruden Gedanken bezahlt. Thomas war einer von diesen Philosophen, und er machte sich solche Gedanken von Berufs wegen. Und um sie sich möglichst anständig machen zu können, las er jedes Buch, das ihm in die Finger fiel.

Bei den alten Philosophen fand er, dass auch sie schon immer wussten, dass Dass und Was zwei sehr verschiedene Dinge sind. Im dreizehnten Kapitel schreibt er, die Philosophen hätten schon immer gewusst, dass Dass und Was nur in Gott völlig eins sein kann. Alle Dinge sind aus Dass und Was gebaut, nur Gott nicht. Die Philosophen, die Thomas meint, blickten so tief durch, dass sie sagen konnten: Wenn Gott überhaupt Gott sein soll, dann muss er der einzige sein, bei dem Dass und Was, bei dem Sein und Wesen völlig eins und nicht zu unterscheiden sind.

Jetzt benutzt Thomas diesen Gedanken, den er für richtig hält, um einen weiteren zu beschreiben, den er falsch findet. Er sagt: Die Philosophen hätten herausgefunden, dass in Gott Dass und Was zusammenfallen und völlig eins sind. Wenn in Gott Dass und Was ein und dasselbe sind, und wenn man nicht sagen kann, was Gott ist, dann kann man wohl auch nicht sagen, dass er ist. Wenn in Gott alles eins ist, dann kann man nicht sagen, dass es ihn gibt, solange man nicht zugleich sagen kann, was er ist. Man müsste ja das eine mit dem anderen sehen können.

Dieses Argument findet Thomas, wie gesagt falsch. Er sagt aber etwas Gefährliches: Sobald wir wissen, dass in Gott Dass und Was dasselbe sind, wissen wir, dass jeder Gottesbeweis zum Scheitern verurteilt sein muss. Denn wenn wir sagen, wir sehen nur, dass Gott ist, sonst nichts, dann machen wir eine Unterscheidung, die es in Gott nicht geben kann. Wenn das alles so ist, wie hier beschrieben, dann kann es keine Gottesbeweise geben. Thomas gefällt das gar nicht und wird im dreizehnten Kapitel zeigen, dass es seiner Ansicht nach sehr wohl Gottesbeweise geben kann.

ScG: I,13: "Gründe, die beweisen, dass Gott ist."

Mein Haken an den Gottesbeweisen

Ich liebe die Gottesbeweise. Aber wenn ich mich frage, was genauer es ist, was ich an ihnen mag, dann brauche ich einen Spaziergang, um darüber nachzusinnen.
Fest steht, dass ich es mag, über Gott nachzudenken. Dabei bin ich mir allerdings bewusst, dass diese Liebe lange nicht alle teilen. Meine persönliche Gefühlslage beim Gedanken an Gott ist natürlich dadurch bestimmt, dass die Frage, ob es ihn gibt oder nicht, für mich persönlich in großer Festigkeit geklärt ist.
Das ist jetzt alles sehr subjektiv, aber ich bin von der Existenz Gottes in meinem Leben derart überzeugt, dass die Frage ob es ihn gibt ungefähr so angebracht ist, wie die, ob ich eine Mutter habe. Wenn ich über Gott nachdenke, dann vielleicht wie ein Reicher, der über Geld nachsinnt. Ich war noch nie reich und Gott sei Dank noch nie wirklich arm, aber ich würde meinen, Reiche und Arme denken sehr verschieden über Geld nach. Das heißt, ihre grundsätzliche Gefühlslage dürfte verschieden sein. In einem warmen Kaminzimmer lässt sich ganz anders über Regen nachdenken, als wenn man sich gerade nass regnen lassen muss. Wenn ich also über Gott nachdenke, dann eher wie ein Hirte, der das beruhigende Gefühl hat, seine Schafe im Trockenen zu haben.
Ich erinnere mich, in einem meiner Aufsätze gesagt zu haben, dass ich mich nicht in die Lage eines Menschen versetzen kann, der entweder nicht glaubt, dass es Gott gibt, oder der meint, man könne die Frage eigentlich gar nicht klären. Das stimmt, und ich meine damit, dass ich nicht abschätzen und schon gar nicht nachvollziehen kann, in welcher allgemeinen Gefühlslage ein solcher Mensch die Gottesbeweise studiert. Ich vermute jedenfalls, dass er nicht in der gleichen Stimmung zu dem ganz bestimmten Punkt kommt, an dem alle Gottesbeweise für mich den selben Haken haben. Alle Gottesbeweise, die ich kenne haben einen Haken und er wirkt auf mich wie ein eingeschlagener Nagel in einem ansonsten vollkommen glatten Brett.
Als Beispiel kann ich vielleicht kurz einen alten und einen neuen Gottesbeweis anführen: Den des heiligen Thomas von der Bewegung und den modernen des Philosophen Robert Spaemann.
Thomas geht von der augenfälligen Tatsache aus, dass es Bewegungen gibt und bemerkt, dass alles, was sich nicht selbst bewegen kann, irgendwie bewegt worden sein muss. Irgendwann sagt er, müssten alle passiven Bewegungen von einem Beweger ausgehen, der selbst nicht mehr bewegt worden ist. Es muss eigentlich einen

ersten, selbst nicht bewegten Beweger geben. Dabei schlägt er den Nagel mit der Behauptung ins Brett, dass man die Reihe der Ursachen nicht ins Unendliche fortsetzen könne. Hier stoppt mein Gedankenfluss jedes Mal.

Robert Spaemanns Beweis hat auch eine solche Bremse. Sie funktioniert aber etwas anders. Auch Spaemann geht von einer offensichtlichen Tatsache aus: Nämlich, dass alles, was jetzt gerade geschieht wahr ist, vor allem aber, dass es morgen noch wahr sein wird. Dass ich jetzt schreibe, ist wahr. Vor allem aber wird morgen noch wahr sein, dass ich heute geschrieben habe. Dass ich jetzt schreibe, das wird auch in zehntausend Jahren noch in gleicher Weise wahr sein, wie morgen und in fünf Minuten. Solcher Art Wahrheit ist nicht vergänglich. Dann sagt Spaemann, man könne nicht denken, dass sich die so gedachte Wahrheit eines Tages auflöse. Man müsse eigentlich annehmen, dass alles derart Wahre irgendwie in einem ewigen Bewusstsein geborgen sei, und ich glaube, man kann den klassischen Satz des heiligen Thomas bemühen: Und das sei doch das, was alle Gott nennen. Der Haken ist auch hier die Behauptung, dass man etwas nicht denken könne.

Ich bekenne, ich kann das wirklich nicht denken kann und unterstelle, dass meine atheistischen Kollegen das auch nicht vermögen. Niemand kann Unendlichkeit denken und niemand kann die Auflösung von allem durchrechnen. Es ist aber davon auszugehen, dass die Ungläubigen in der Gottesfrage – im Unterschied zu mir – sagen, man könne aber das, was man nicht denken kann, irgendwie annehmen und für sich als gegeben voraussetzen. Genau hier liegt die kleine Spitze, an der meine Hand immer hängen bleibt, wenn sie über das ansonsten sauber gehobelte Brett fährt: Kann man annehmen, was man hier nicht denken kann, oder kann man nicht. Oder vielleicht besser: Darf man das oder darf man nicht?

ScG I, 13: "Gründe, die beweisen, dass Gott ist."

Was der Beweis von der Bewegung nicht beweist

Ich habe mich also jetzt zu meiner einsamen Vorliebe am dritten Gottesbeweis aus dem großen Abschlusswerk des heiligen Thomas bekannt. Der Beweis ist mein Lieblingsbeweis, und mir hat immer gefallen, dass er ganz anders von einem wirklichen Anfang spricht, als die anderen.

Mit meiner Vorliebe bin ich, wie gesagt, eher allein, und ich würde sagen, man spricht in aller Regel so lange über den ersten Gottesbeweis, bis man zum dritten gar nicht mehr kommt. Dass der erste der Lieblingsbeweis vieler Leute wurde, liegt wahrscheinlich aber auch in der irrigen Annahme, auch er spreche von einem wirklichen Anfang. Viele Leute, die ich über ihn reden hörte, nahmen das jedenfalls an, und ich glaube nicht, dass das stimmt.

Der Beweis geht, wie gesagt, über die Bewegung, und Bewegung hat immer mit möglich und wirklich zu tun. Die Tasse vor mir ist wirklich voll, und dass sie leer wird ist möglich. Wenn jemand ihr Getränk getrunken hat, dann ist sie nicht mehr möglich, sondern wirklich leer. Das bedeutet, sie ist von ihrer Möglichkeit, leer zu sein, in die Wirklichkeit überführt worden. Dieser Vorgang ist eine Bewegung.

Wirkliches Holz ist mögliche Asche. Holz in Asche verwandeln ist eine Bewegung, weil sie aus einer Möglichkeit eine Wirklichkeit macht.

Es steht nun außer Zweifel, dass es Bewegungen aller Art in der Welt gibt, und Thomas stellt jede Menge Überlegungen an, was Bewegung überhaupt bedeutet. Er untersucht zum Beispiel, was es heißt, sich selbst zu bewegen oder von anderen bewegt zu werden. Er betrachtet, was es braucht, damit ein Ding sich von sich aus wirklich selbst bewegen kann, und er überlegt, in wie weit die Dinge, die sich selbst bewegen, zusammengesetzt oder in sich eins sein können. Als ich diesen Überlegungen zum ersten Mal nachging, hat mich über die Maßen beeindruckt, dass ein Mensch überhaupt imstande sind, so genau, so tief und so präzise denken zu können. Dann wurde mir allerdings schleierhaft, welche Schlüsse die Freunde des heiligen Thomas aus dem Beweis zu ziehen konnten. Als nämlich Thomas meinte, man könne in der Kette von Bewegen und Bewegtwerden nicht bis ins Unendliche fortschreiten, zogen manche den Schluss, Thomas beweise hier, dass die Welt einen Anfang hat. Das geht aber irgendwie gar nicht, und ich glaube auch nicht, dass Thomas das vorschwebte.

Aristoteles, von dem der Gedanke ja stammte, war zum Beispiel der Meinung, dass die Welt ewig sei und einen solchen Anfang gar nicht hat. Was die Freunde hier zu übersehen schienen, war, dass Aristoteles nicht den Anfang der Welt, sondern nur den Anfang der Bewegung in ihr meint. Wenn man so möchte, bewies Aristoteles den Anfang der Bewegung in einer Welt, die keinen Anfang hat. Wenn ich richtig verstand, dann meinte Aristoteles eher eine Art ewiges Anfangen in einer ewigen Welt.

Dass die Welt eine Schöpfung ist, mit der Gott einen wirklichen Anfang gesetzt hat, das glaubt der heilige Thomas zwar, und das glauben auch alle Christen. Das sollte hier offenbar aber gar nicht bewiesen und gar nicht gezeigt werden.

Als ich dann nachschlug, stellte sich zu meiner Überraschung heraus, dass Thomas im Gegensatz zu berühmten, christlichen Lehrern sogar die Meinung vertrat, man könne mit der Vernunft gar nicht beweisen, dass die Welt in Gott einen Anfang habe. Thomas sagt öfter: Der schöpferische Beginn der Welt aus Gott ist reine Glaubenssache, und die kann man mit der Vernunft nicht beweisen. Aber wir werden sehen, auch die Schöpfung ist nicht einfach ein Beginnen und dann in Ruhe lassen. Vielmehr dauert auch die Schöpfung so lange, wie es die Geschöpfe gibt. Dazu aber später mehr.

ScG I,14: "Um Gott zu erkennen muss man den Weg der Verneinung gehen."

Der heilige Thomas und die Welt als Krimi

Eine meiner bahnbrechenden Bekannten im Leben war jener Mann, der mich auf die Schiene des Thomas gesetzt hat. Er war natürlich selbst ein Liebhaber des Aquinaten. Aber nicht nur das. Er war auch ein ausgemachter Freund von Detektivgeschichten. Dauernd las er Bücher, in denen irgendwelche Polizisten Schurken und Verbrecher suchten. Als ihn einer von uns fragte, woher er diese Leidenschaft habe, konnte er natürlich nicht viel sagen. Wer weiß schon, woher er seine Neigungen hat. Die ganze Geschichte wäre mir aber nicht im Gedächtnis geblieben, wenn er dann nicht gesagt hätte, ohne diesen Zug seiner Persönlichkeit hätte er es mit dem heiligen Thomas wahrscheinlich nicht lange ausgehalten.

Thomas habe nämlich selbst den Geist eines Kriminalisten gehabt. Jedenfalls habe er die Welt wie ein Detektiv gesehen und gelesen. Die ganze Welt des Thomas sei ein einziger, großer Krimi gewesen, den es zu lösen galt, und der Himmel sei vor allem deshalb eine besonders spannende Angelegenheit, weil dann der Fall endlich gelöst werde. Endlich würde er von Angesicht zu Angesicht sehen, wer genau das ganze Weltgeschehen zu verantworten habe und wer das alles ausgeheckt hat!

Unser Lehrer empfahl uns übrigens, in der Philosophie die gleiche Haltung an den Tag zu legen, und mit einem Mal ging uns auf, warum er uns zum Einstieg in die Lehre des heiligen Thomas die Detektivromane mit Pater Brown so sehr ans Herz gelegt hatte. Wenn man unserem Lehrer Glauben schenkt, dann beginnt die Summe wider die Heiden mit dem vierzehnten Kapitel eigentlich erst richtig. Bis dahin wurde nur geklärt, dass es, um im Bild zu bleiben, überhaupt einen Mörder gibt.

Dass eine Leiche auf der Straße liegt, kann vorkommen. Es muss nur jemand einen Herzanfall erleiden. Interessant wird es erst, wenn sich herausstellt, dass der Tote umgebracht wurde und dass der Mörder mit einer Beute auf und davon ist. Nicht ganz unähnlich hatte Thomas im dreizehnten Kapitel noch gesagt, dass es Bewegungen in der Welt gibt, sei offensichtlich. Interessant wird es erst, wenn man schließen muss, dass hinter ihnen jemand steht, der das ganze Geschehen verantwortet. Die Gottesfrage macht die Welt und das Leben zu einem Fall!

In diesem Sinn sind die modernen Antworten häufig die eines müde gewordenen Detektivs, der keine Lust mehr hat, dem letzten Mörder seiner Karriere hinterher zu forschen. Häufig wird auf die Gottesfrage gesagt, die Welt könne keinen guten Gott haben, der dem Elend der Welt tatenlos zusieht. Henryk M. Broder sagte, wenn es

Gott gebe, dann müsse er ein Sadist sein. Für Denker wie den heiligen Thomas besteht die große Herausforderung gerade darin, das Unglaubliche zu zeigen! Dass ein guter Gott wie ein böser erscheinen muss, kann auch eine Tarnung sein! Für einen wachen Detektiv kann sich auf neuen Spuren immer alles ganz anders entrollen. So auch, dass ein absolut guter Gott dennoch eine solche Welt schaffen, erhalten und lenken kann. Er muss ihm nur auf die Schliche kommen. Nach Abschluss der Frage, dass der Tote eigentlich einen Mörder haben muss, schließt sich also logisch die Frage nach der weiteren Täterbeschreibung an: Was kann man über Gott sagen, wenn feststeht, dass es ihn gibt?

Thomas sieht, dass es jetzt erst beginnt, richtig schwer zu werden und schließt ein Methodenkapitel an. Er sagt, wie man vorgehen muss, um dem Allmächtigen so weit es geht auf die Spur zu kommen: Nach allem, was man sehen kann, muss man sagen, dass man über Gott nichts sagen kann. Das liegt an etwas, was der heilige Thomas Immensitas nennt und was die Suche wesentlich erschwert: Es kann gar nicht anders sein, als dass Gott jedes Maß des Denkbaren sozusagen immens übersteigt. Darüber wird nachzudenken sein.

ScG 1,14: "Um Gott zu erkennen muss man den Weg der Verneinung gehen."

Wie man sich der Erkenntnis Gottes nähern kann

Es mag abwegig klingen, aber das vierzehnte Kapitel erinnert mich immer an den Nachbarn meiner Tante, der jede Menge braunweiß gefleckte Kühe besaß. Für uns Kinder sahen die Viecher alle gleich aus, sie waren schließlich Kühe von der gleichen Art. Der Bauer aber, der sie abends von der Weide über den Weg trieb, kannte und rief sie alle beim Namen. Meine Tante erklärte mir das mit gewohnt knappen Worten: „Sie sehen zwar alle gleich aus, aber jede hat ihre Flecken, wie sie keine andere Kuh der Welt hat." Ich kann mir nicht helfen, wenn ich das vierzehnte Kapitel der Summe lese, steigt mir dieses alte Bild in den Kopf.

Thomas erklärt in kurzen Zügen, dass jedermann die Dinge der Welt auf ganz ähnliche Weise erkennt, wie der Nachbar meiner Tante seine Kühe. Zuerst stellt man fest, um welche Art von Ding es sich handelt, in diesem Fall die Kühe. Dann schließt man alles Gemeinsame aus, und achtet nicht mehr darauf, bis man genau dasjenige vor Augen hat, was diese eine Kuh von allen anderen Kühen unterscheidet. Auf diese Weise komme man zur sichersten Erkenntnis einer Substanz, sagt Thomas. Der Nachbar meiner Tante könnte sagen, dass er so seine ganz bestimmte Kuh ausfindig macht. Die ist nämlich eine Substanz.

Ich weiß, das ist jetzt alles ganz grob gesagt, aber für einen Menschen meines Schlages helfen solche Bilder. Thomas erklärt also, wenn man einmal die Gattung (Kuh) festlegen konnte, nähert man sich dem Einzelding am besten per Ausschlussverfahren, wenn man es erkennen und festlegen will.

Der Bauer erkennt sein liebstes Vieh nicht daran, dass es, wie alle andern Viecher vier Beine und bunte Flecken hat. Er erkennt es an dem einen Merkmal, was es am Ende von allen anderen unterscheidet.

Thomas redet allerdings nicht von Kühen. Er nimmt sich vor, von Gott zu sprechen und stellt fest, das in seinem Fall der erste Schritt schon gar nicht vollzogen werden kann. Gott passt in kein Schema, weil er von vorn herein ganz anders ist. Das bedeutet, bei Gott kann man keine Art feststellen innerhalb derer man ihn aussuchen kann.

Bei den Kühen konnte man zuerst feststellen, dass es sich um eine der Kühe unseres Nachbarn handelte. Das war schon mal der erste, wichtige Schritt. Von da aus konnte man feststellen, dass die anderen nicht so aussahen wie die eine und nicht so daher trotteten wie sie. Man hätte alle möglichen Merkmale anbringen können. Alle Vergleiche kreisten diese eine Kuh ein, aber Vergleiche beschränkten sich auf Kriterien innerhalb dieser schon festgestellten Sorte Tier.

Bei Gott geht, wie gesagt, das erste schon gar nicht. Niemand kann Gott wegen seiner absoluten Erhabenheit in irgendeine Klasse oder Art einteilen. Man könnte jetzt meinen, das ganze Verfahren würde sich erledigen. Dennoch bleibt Thomas dabei, dass das Ausschlussverfahren der einzige Weg sei, sich Gott einigermaßen zu nähern. Er sagt sogar, dieses Verfahren sei der Weg, Gott so nahe zu kommen, wie man ihm überhaupt nahekommen kann.

Einer der vielleicht bekanntesten Sätze des Thomas über Gott lautet: Das höchste Wissen von Gott besteht in dem Wissen, dass wir ihn nicht wissen können. Wenn ich das richtig verstehe, dann ist dieses, wenn man so möchte, negative Wissen nicht schnell errungen, sondern das Ergebnis eines langen Verfahrens. Er nennt das Verfahren des Ausschließens einen Weg und einen Prozess.

Eben kurz sagen, dass Gott der ganz andere ist und zur weiteren Tagesordnung übergehen, ist nicht gemeint. Gemeint ist vielmehr, dass man sich der Mühe unterzieht, die Dinge, die ausgeschlossen werden können, möglichst tief zu durchdenken; und gemeint ist wirklich, dass man sich der höchst möglichen Erkenntnis Gottes auf diese Weise wirklich nähert.

Insofern ist das vierzehnte Kapitel in der Tat ein Methodenkapitel. Thomas möchte sich der höchstmöglichen Erkenntnis Gottes nähern und erklärt, wie er das in den nächsten Kapiteln anzugehen gedenkt. Am Ende seiner kurzen Gedanken kündigt er an, dass er auf dem zu gehenden Weg erst einmal den bisherigen Befund, dass Gott ganz und gar unbeweglich ist, verarbeitet. Hier wird, wenn man so möchte, der negative Befund gleich in eine positive Erkenntnis gewendet: Aus der Unbeweglichkeit Gottes wird nämlich seine Ewigkeit erklärt.

ScG 1,15: Gott ist ewig.

Der Gott der Philosophen, Teil 1

Man findet in allen kämpfenden Lagern an deren Rändern und Grenzen eine gewisse Kultur der Verdächtigung, weil solche Gruppen fast immer durch das Schicksal verbunden sind, sich über die negative Abgrenzung von anderen beschreiben zu müssen.

Je kleiner die Gruppe, desto wilder die Verdächtigungen in Richtung der großen. Wenn der Papst einem Bischof sein Vertrauen ausspricht und ihn in ein hohes, kirchliches Amt beruft, dann tauchen von links und von rechts die Erbsenzähler an die Oberfläche. Plötzlich ziehen Leute, die es schon immer gewusst haben, irgendwelche Sätze aus ihren Schubladen, die der Kandidat irgendwann gesagt hat und die ihn völlig ungeeignet erscheinen lassen.

Der Papst tut wahrscheinlich gut daran, das meiste zu überhören, wie ein Vater sich von seinen pubertären Kinder mehr gefallen lässt, als das Gebot des Anstandes eigentlich zulassen sollte.

Der heilige Thomas war der Ansicht, wer etwas gegen seine Thesen zu sagen habe, der solle gefälligst ein Buch schreiben und nicht mit Worten vor Kindern spekulieren. Wer Bücher schreibt, der macht sich angreifbar, und wer viele Bücher schreibt, der setzt sich damit noch mehr der gelinden Gefahr aus, von den Erbsenzählern als Irrlehrer dahingestellt zu werden.

Wer in seiner Haltung der Verdächtigung fortgeschritten ist, der sucht eigentlich nur noch nach Fehlern, wie der pensionierte Nachbar, der am Ende seine freie Zeit nurmehr damit verbringt, Falschparker vor seinem Haus aufzuschreiben und anzuzeigen. Mit jeder Nummer, die er aufschreibt, liegt er richtig und er wird jede Anzeige als sein gutes Recht bezeichnen. Für ihn und sein geistiges Leben ist es aber eher nicht gut, sein Recht derart auszuüben.

Wer also in den Büchern des heiligen Thomas nach Fehlern sucht, der findet sie. Wer wirklich möchte, der wird Sätze finden, die für sich genommen regelrecht als Irrlehre dastehen würden. Es gibt allerdings auch solche Sätze, die auf die gleiche Weise falsch sind, wie der Satz aus dem großen Glaubensbekenntnis, nach dem der Heilige

Geist in gleiche Weise wie der Vater verehrt und angebetet wird. Wer Erbsen zählt, kann immer sagen, dass das nicht wahr ist. Der Heilige Geist wird in der Anbetung stark vernachlässigt und der Satz aus dem Credo klingt fast wie ein frommer Wunsch oder eine sanfte Mahnung, die dritte Person der Dreifaltigkeit zu meditieren.

Thomas schreibt in seinen Gottesbeweisen öfter einen solchen, berühmt gewordenen Satz, der nicht stimmt. Er schildert den Unbewegten Beweger und den seinshaften Ursprung aller Dinge und sagt: „Das meinen doch alle, wenn sie Gott sagen." Das stimmt natürlich nicht. Kein Mensch, der von Gott spricht, meint den Unbewegten Beweger des Aristoteles.

Niemand, der mir in meiner Kindheit je von Gott erzählt hat, brachte mir bei, dass er vor allem die letzte Ursache des Seins sei und dass er eigentlich das einzige Prinzip sein muss, das völlig unbewegt bewegen kann. Keiner meiner Lieben daheim hat die Argumente des heiligen Thomas je bedacht, geschweige denn verstanden. Wie sollten sie auch? Als ich – natürlich zu ganz verschiedenen Anlässen – in den Büchern Luthers und Dawkins zu blättern hatte, fiel mir bei beiden auf, dass nicht mal sie den heiligen Thomas verstanden haben.

Der Mystiker Blaise Pascal hat sich seinerzeit ganz ergriffen einen Merksatz in seinen Mantel geheftet, nach dem der wahre Gott nicht der Gott der Philosophen, sondern der Gott Abrahams, Isaaks und Jakobs sei. Wahrscheinlich ist nichts wahrer als das. Das bedeutet allerdings nicht, dass der Gott der Gottesbeweise des heiligen Thomas nicht auch der selbe, wahre Gott ist. In seiner Gotteslehre sollten wir im Kopf haben, dass der Gelehrte vom Gott der Philosophen spricht. Er ist der erhabene, unbewegbare Ursprung. Zugleich ist er derselbe Gott, der mit Abraham sprach und der sich später herabließ, um als Baby in einer Krippe zu liegen. Thomas hatte die seltene Größe, beides zusammen zu bekommen.

ScG I,15: Gott ist ewig.

Der Gott der Philosophen, Teil 2

Anlässslich eines Priesterjubiläums machte ein Bischof letztlich eine Bemerkung, die einem meiner Professoren gefallen hätte. Der Bischof ersuchte seine Priester, sich mit den Texten des letzten großen Konzils zu beschäftigen. Wenn beim nächsten bischöflichen Besuch in einer Pfarrei ein Priester seinem Oberhirten sagt, es tue ihm leid, derzeit studiere er zufällig gerade die Texte des Konzils von Trient, das zweite Vatikanum sei erst später an der Reihe, dann wird der Bischof ihm eher ein Lob, als einen Tadel aussprechen. Grundsätzich dürfte der Hirte seiner Schafe zufrieden sein, wenn diese sich überhaupt kirchlich bilden und darin nicht nachlassen.

Einer meiner Priester war die Güte in Person, nicht aber, wenn es um Bildung ging. Hier machte er keine Gefangenen. Er bezichtigte seine Kollegen, die mit dem Studium aufhören offen der Unterlassungssünde. Wenn der Montag der Tag sei, an dem die Priester sich nach dem Sonntag ihre Zeit der Entspannung einrichten, dann müsse der Donnerstag der Tag sein, an dem sie studieren. Er verglich die Priester, die das lassen, mit schlechten Vätern, die ihren Söhnen teure Geschenke einpacken und doch vernachlässigen.

Der heilige Thomas mit den vielen Kirchenversammlungen etwas gemeinsam: Die Texte sind derart vielfältig und zahlreich, dass man die allgemeine Stimme der Kirche gar nicht wirklich aus ihnen hören kann, wenn man nur mal ein einziges Dokument aufschlägt. Es braucht Zeit, Liebe und Hingabe um das Ganze einigermaßen zu greifen. Thomas hat in den zweieinhalb Jahrzehnten, die er zum Schreiben hatte, ein derart umfangreiches Werk verfasst, dass ein Priester sein ganzes Leben darin stöbern kann. Beim Lesen der Gottesbeweise in der Summe wider die Heiden enttäuschte mich wie gesagt, dass mein liebster Beweis aus der Summe der Theologie nicht dabei war. Dort stand zunächst eigentlich nur der Beweis aus der Bewegung, der offenbar dem Thomas der liebste gewesen ist. Um aber die Beweisgänge in der Heidensumme wirklich mitzubekommen, muss man wahrscheinlich mit einer gewissen Sturheit auch dort weiterlesen, wo es der Überschrift nach gar nicht mehr um das Gottesbeweisen geht. Im fünfzehnten Kapitel nämlich, wo der Meister ankündigt, dass es um die Ewigkeit Gottes zu tun ist, steht der vermisste Beweis dann plötzlich so überraschend da, wie wenn nach Ostern noch ein Ei im Rasen liegt. Bei Thomas weiß man eben nicht immer ganz genau, wo was steht und wo er seine Süßigkeiten versteckt hat. Niemand kann die Kirche verstehen, der nicht bereit ist, selbst etwas mehr über sie zu lesen, als andere tagtäglich über sie schreiben. Den heiligen Thomas versteht auch niemand, der sich darauf beschränkt zu hören, was Leute über ihn schreiben, die ihn nicht lesen.

Thomas fährt also fort und versucht mit den besten Argumenten, die ihm einfallen die Ewigkeit Gottes zu erklären. Dabei fällt auf, dass er offenbar seine eigene Linie verlässt. Er hatte ja gesagt, dass die philosophische Gotteserkenntnis diejenige ist, die sich auf das Negative beschränkt. Hier wird aber gar nicht gesagt, dass Gott etwas nicht ist, sondern dass er sehr wohl etwas ist, nämlich ewig. Etwas spitzfindig kann man sagen, dass hier ein positiver Begriff aus einem negativen Befund gefischt wird: Wenn Gott auf keinen Fall etwas von dem in sich haben kann, was wir Veränderung und Bewegung nennen, dann muss er ganz und gar ewig sein.

Aristoteles hatte einmal gesagt, die Zeit sei die Zahl der Bewegung. Wenn irgendwo ein Baum umgefallen ist und ein Zeitzeuge wird gefragt, wie das genauer ausgesehen hat, dann wird er irgendwann sicher auch die Zeit nennen, die dabei mitgelaufen ist. Die ganze Bewegung wird gar nicht klar, wenn nicht mit gesagt wird, wann sie war und wie lange sie gedauert hat.

Thomas macht nun einen Schlenker und sagt, nur das, was Bewegung und Veränderung erfährt, kann mit dem Maß der Zeit gemessen werden. Wenn Gott ganz und gar unbeweglich und damit unveränderbar ist, dann greift in ihm kein Zeitmaßstab. Man kann ihn ihm kein Vorher und kein Nachher ausmachen oder annehmen. Vor allem habe er kein Sein, das einem Nichtsein folgt und er könne kein Nichtsein haben, das seinem Sein die Klinke in die Hand gibt. In Gott dürfe man insgesamt überhaupt keine Veränderung behaupten. Dann wird Thomas sozusagen wieder negativ und spricht die völlige Unbegreiflichkeit an, indem er sagt: „Ohne Zeit könnte das alles gar nicht verstanden werden.“ Das heißt, wir können ohne Zeit zu denken, eigentlich gar nichts beschreiben und Gott, der irgendwie ohne Zeit anzunehmen ist, der bleibt genau dadurch in sich völlig unverständlich.

ScG I,16: "In Gott gibt es keine passive Möglichkeit."

Die Notwendigkeit Gottes

Was die Dinge und ihr Dasein angeht, sind wahrscheinlich drei Möglichkeiten denkbar. Es kann sein, dass etwas einen Anfang und ein Ende hat. Ein Theaterstück beginnt um acht und hört um zehn auf, Anfang und Ende.

Als zweites ist denkbar, dass etwas einen Anfang hatte und kein Ende mehr haben wird. Das denkt der Glaube zum Beispiel von den Engeln. Engel sind Geschöpfe Gottes. Das bedeutet, Gott hat sie sich ausgedacht und geschaffen. Mit ihrer Erschaffung sind die Engel also in der Welt und haben damit einen Anfang ihres Daseins. Gott hat aber vorgesehen, dass sie nicht mehr aufhören zu existieren. Ihre Existenz also wird kein Ende mehr haben. Wir sagen dazu, sie werden von ihrer Erschaffung an ewig leben. Damit haben die Engel einen Anfang und kein Ende. Das gleiche gilt für die menschliche Seele. Auch sie hat zu einem ganz bestimmten Augenblick angefangen zu existieren und wird nach hinten hin nie wieder ein Ende haben.

Das dritte ist, dass etwas weder einen Anfang noch ein Ende hat. Auch das ist in gewisser Weise denkbar. Aristoteles hatte zum Beispiel angenommen, dass die Welt ewig, also ohne Anfang und ohne Ende ist. Nietzsche glaubte auch in dieser Richtung, als er von der ewigen Wiederkehr der Dinge sprach. Der Atheismus meines Freundes glaubt auch eine solche Daseinsweise von den kleinsten Bausteinen der Natur. Er glaubt zum Beispiel, dass alle Dinge aus kleinsten Elementen zusammengesetzt sind und irgendwie wieder auseinander fallen. Dann glaubt er darüber hinaus, dass die kleinsten Dinge (wenn wir sie so nennen können) sozusagen in Ewigkeit grundsätzlich wieder neu zusammengesetzt werden können, und zwar aus irgendwelchen Einheiten, die notwendigerweise immer da sind; die immer existiert haben und nie aufhören werden zu existieren. Anders ist sein Atheismus nicht denkbar. Nun unterscheidet sich der Atheismus meines Freundes an dieser Stelle aber sehr deutlich von meinem Glauben an Gott. Mein Glaube sagt, nur Gott allein ist im vollen Sinn ewig. Nur Gott allein hat gar keinen Anfang und gar kein Ende. Alle Dinge haben irgendwann einmal angefangen zu existieren. Entweder sie haben selbst irgendwann angefangen oder sie sind zusammengebaut aus Dingen, die irgendwann angefangen haben, da zu sein. Das glaubt mein Freund nicht. Er sagt, alles ist aus Dingen zusammengebaut, die wenigstens in ihren kleinsten Teilchen ewig, also ganz ohne Anfang sind. Mein Freund glaubt in gewisser Weise also von den Dingen das, was ich nur von Gott annehme. Wer hier was glaubt, das ist natürlich Glaubenssache, und über die kann man so wenig streiten, wie über den guten Geschmack. Bewiesen werden kann hier im strengen Sinn gar nichts.

Die Debatte ist alt, und Thomas hat ihr, wie viele seiner Kollegen damals schon eine gehörige Portion Aufmerksamkeit geschenkt. Als Thomas lebte, hatte man einige Zeit zuvor einige Bücher des klugen Philosophen Aristoteles entdeckt. Der hatte, wie mein atheistischer Freund, angenommen, dass die Welt einen ewigen Kern hat. Nur hatte Aristoteles gesagt, die Welt habe sozusagen eine Gottheit, die mit den Dingen ewig ist und sie in Bewegung setzt und hält.

Nun stritten sich die Denker, und viele der gläubigen unter ihnen meinten mit Sicherheit sagen zu können, die Welt habe notwendigerweise einen Anfang und könne, im Gegensatz zu Gott, nicht ewig sein. Thomas sagt das auch. Er verzichtete aber auf den Gebrauch des Wortes notwendig. Notwendig bedeutet ja, dass etwas gar nicht anders sein kann, als es ist. An dieser Stelle wird Thomas aber vornehm und sagt für seinen Teil, man könne aus einer Glaubensangelegenheit keine Notwendigkeit konstruieren. Thomas sagte zur Verblüffung vieler: Dass die Welt in Gott einen Anfang hat, das ist ein reiner Glaubenssatz, den man nicht unbedingt annehmen muss.

Im sechzehnten Kapitel unseres Buches, das uns hier angeht, bespricht er das Thema der Ewigkeit der Welt nicht. Er benutzt aber das Handwerkzeug, nämlich die Wörter, die man dazu braucht. Er hatte gesagt, in Gott gebe es keine Zeit und keine Veränderung. Damit habe Gott eine innere, absolute Notwendigkeit zu sein. Es kann also in ihm überhaupt keine Möglichkeit geben, nicht zu sein. Diesen Satz beleuchtet und stützt er nun von allen ihm möglichen Seiten. Er sagt zum Beispiel, was nötig sei, das könne nicht zugleich möglich sein. Möglich sein heiße ja, sein können und nicht sein müssen. Zudem sagt er, alles, was möglich und nicht notwendig ist, das braucht zum Sein eine Ursache. Die aber könne man in Gott nicht annehmen, weil er selbst die tiefste aller Ursachen ist.

ScG I,16: "In Gott gibt es keine passive Möglichkeit."

Pinocchio, der Allmächtige und die Möglichkeit, auch nicht zu sein

Auch wenn es weder meinen Onkel, noch meinen Hausarzt interessieren dürfte, sollte doch ein Gedanke an die Frage verschwendet werden, was mit der passiven Potenz gemeint sein könnte. Potenz heißt Möglichkeit und passiv bedeutet selbst nicht können. Wenn ein Stuhl im Zimmer grundsätzlich die Möglichkeit hat, ebenso gut auf dem Balkon zu stehen, dann ist dort Platz genug, der Stuhl passt hin und es bräuchte nur jemanden, der sich die Mühe macht, ihn dorthin zu tragen. Das Passive hat seinen Grund in der Tatsache, dass Stühle selbst nicht laufen können. Der Stuhl hat also die passive Möglichkeit auf dem Balkon zu stehen, genau so wie er die passive Möglichkeit hat, von dort herunter auf den Sperrmüll zu fliegen. Beides ist möglich und beides müsste nur jemand mit ihm anstellen. Entscheidend dürfte sein, dass der Stuhl selbst nichts dafür oder dagegen unternehmen kann. Deswegen ist seine Potenz passiv.

Im römischen Trastevere, wo ich mich gerade aufhalte, gibt es einen hübschen Puppenladen. Vor dem saß gestern noch die hölzerne Puppe Pinocchio auf einem großen, geschnitzten Stuhl an der Straße. Jedes Kind weiß, dass Pinocchio sich bewegen und sprechen kann, wie ein normaler Junge, und jedes Kind weiß auch, dass er nur so lange wie leblos da sitzt und sich nicht rührt, bis alle wegschauen. Sobald niemand mehr hinsieht und er sich sicher fühlt, fängt er an zu leben und rennt um die Ecke zum Holzschnitzer Gepetto, der voller Sorge wartet, dass er endlich heimkommt. Weil Pinocchio lebt, hat er die aktive Möglichkeit, von sich aus woanders hin zu rennen. Was er aber nicht hat, ist eine aktive Möglichkeit, von sich aus von der Erde zu verschwinden. Er hat sich nicht ausgesucht, dass Gepetto ihn geschnitzt hat und er kann nicht verfügen, dass er ihn wieder auseinander nimmt. Er kann das wünschen, selbst unternehmen aber kann er es nicht. Vielleicht kann er sich selbst die Beine abschrauben. Er kann daraufhin aber nicht die Arme ablegen, weil er die ja dazu bräuchte. Wirklich auseinandernehmen kann ihn nur Gepetto, der ihm über ist und der Macht über ihn hat. Mit den Menschen ist das nicht ganz unähnlich. Sie haben jede Menge aktive Möglichkeiten, alle möglichen Dinge zu unternehmen.

Sie haben allerdings nicht selbst veranlasst, dass sie zur Welt kamen und sie können auch ihr Leben nicht wirklich beenden. Das kann nur jemand, der ihnen absolut über ist und Macht über alles Leben hat. Es geht hier um die passive Potenz. Pinocchio hat eine passive Potenz, nicht mehr auf der Erde zu sein, weil sein Schöpfer Gepetto ihn in der Werkstatt auseinander schrauben und unkenntlich machen kann. Die Menschen haben eine passive Möglichkeit, nicht mehr auf der Welt zu sein, weil Gott sie schuf und allein die Macht über sie hat.

Wenn Thomas von Gott spricht, dann meint er eine Daseinsweise, die sozusagen keine Werkstatt hat, in der sie entstand. Da ist kein Schnitzer und nichts, das Gott schuf, weil neben und außerhalb von ihm gar nichts sein kann. Deshalb kann Gott in keiner Weise eine passive Potenz haben nicht zu sein. Er kann überhaupt nichts anderes werden, als das, was er ist, weil er so, wie er ist, ganz und gar unveränderlich ist und nicht bewegt werden kann. Thomas schreibt: „Gott kann wegen seines Wesens nicht nicht sein, weil er ewig ist. Deshalb ist in Gott keine Potenz hinsichtlich seines Seins." Es gehört also zum Wesen Gottes, dass nicht sein kann, dass er nicht da ist.

Als ich meine Gedanken vor kurzem mit jemandem, ging das Gespräch in seinem Verlauf auf die Allmacht Gottes. Die wird manchmal verstanden, als ob der Allmächtige derart alles könne, dass er auch vermöge nicht zu sein. „Wenn Gott wirklich alles kann, dann muss auch das dazu gehören, weil alles ja alles bedeuten muss." Das stimmt nicht, weil es absurd ist. Es ist ein bisschen wie mit der berühmten Frage, ob Gott in seiner Allmacht einen Stein erschaffen kann, den er am Ende selbst nicht hochzuheben vermag. Auch das ist in sich absurd und absurde Dinge bleiben auch bei Gott absurde Dinge. Selbst Gott kann in seiner Allmacht nicht dafür sorgen, dass er am Ende etwas nicht mehr kann. Dass das nicht geht, liegt nicht an einer Beschränkung seiner Macht, sondern daran, dass der Gedanke in sich etwas Unmögliches hat.

Der heilige Thomas spricht über Gott und tut hier also einen weiteren Schritt, der in der Logik der Gedanken liegt. Wenn Gott unbeweglich und ewig ist, dann muss es auch so sein, dass er keine passive Potenz hat und sozusagen nicht nicht sein kann.

ScG I,17: In Gott gibt es keine Materie.

Der Materialismus und davon, dass in Gott keine Materie sein kann

Wenn sich jemand einen Materialisten nennt, dann will er uns für gewöhnlich sagen, dass er nicht an Gott glaubt. Statt dessen glaubt er an so etwas wie die Materie, oder besser gesagt glaubt er, dass die Materie im weitesten Sinn das einzige ist, was es braucht um die ganze Welt aufzubauen, uns selbst eingeschlossen.

Dieser Gaube erinnert mich an den kleinen Rechner, in den ich gerade meine Worte tippe. Der hat mittlerweile jede Menge Dokumente und Programme in seinem Speicher, die ich schreibe und mit denen ich arbeite. Wer immer aber meinen Rechner aufschraubt, wird nicht ein einziges dieser Dokumente finden, das darin herumliegt. Der Rechner stellt Dokumente dar, die wirklich sind, ohne dass die auf eine Weise materiell sind, wie Mozart annehmen würde, käme er per Zeitreise zu uns herüber.

Mein Rechner kann auch verständige Laute von sich geben und den offenkundigen Anschein erwecken, sehr lebendig zu sein. Dennoch konnten seine Erbauer ihn allein aus Materie zusammensetzen. Niemand musste ihm so etwas wie Geist einhauchen.

Wenn wir ein großes Fahrzeug, sagen wir einen Bus, in seine Einzelteile auseinandernehmen, dann zeigt sich, dass seine ganze, enorme Vielfalt aus Teilen zusammengesetzt wurde, die sich am Ende alle erschreckend ähnlich sehen.

Ein Kind, das mit Lego spielt, bastelt aus völlig gleich aussehenden, bunten Steinchen ganze Schiffe, Häuser und große Ungeheuer. Ganz ähnlich sind auch Busse aus kleinen, ziemlich gleichen Teilen zusammengebaut.

Ich glaube nun aber nicht, dass ein Bus erschüttert sein und vor mir davon fahren kann, wenn ich ihm in die Tür trete. Dazu fehlt ihm dann doch ein selbständiges Leben. Der konsequente Materialist glaubt wahrscheinlich aber sehr wohl, dass man so lange leblose Teile an Busse basteln kann, bis sie lebendig werden. Entscheidend ist hier wohl, dass der Materialismus vermutlich annimmt, dass aus Bussen irgendwann lebendige Busse werden können und dass es dazu keine Gottheit braucht.

Im siebzehnten Kapitel unserer Summe ist das anders. Hier regt sich der heilige Thomas über die Lehre eines Mannes auf, der nicht sagt, dass es Gott nicht braucht, weil es die Materie gibt. Vielmehr sagt dieser Mann, dass Gott die Materie ist. Dieser Mann und dieser Glaube sagen, Gott sei die Materie und die Materie sei Gott.

Für Thomas wird hier ohne Zweifel eine schwere Majestätsbeleidigung ausgerufen, und er weiß natürlich, dass sein katholischer Glaube etwas ganz anderes verkündet. In der Kirche ist Gott die über alles erhabene Majestät, deren Erhabenheit gerade dadurch erhaben ist, dass sie völlig unabhängig über jeder Materie steht und an nichts gebunden ist. Bei David von Dinant, so heißt der Mann mit der unkatholischen Lehre, geht Gott sozusagen ganz in der Materie der Welt auf. Damit wäre Gottes Erhabenheit natürlich dahin.

Die ganze Gottheit verteilt sich hier, wie gesagt, in der Welt, so dass man sagen kann, die ganze Welt ist Gott und der ganze Gott ist die Welt. Das bedeutet, alles zusammen genommen ist der eine Gott und der eine Gott ist alles in der Welt. „Alles“ heißt im Griechischen „Pan“, Gott heißt „Theos“, und deshalb ging diese Ansicht als der sogenannte „Pantheismus“ in die Geschichte des Denkens ein. David von Dinant, den Thomas hier nennt, und von dem ansonsten kaum irgendwo anders zu hören ist, lehrte mit seinem materialistischen Pantheismus schon im zwölften, dreizehnten Jahrhundert einen Glauben, der sich bis in unsere Tage großer Beliebtheit erfreut.

Den heiligen Thomas erfreute diese Lehre sehr wenig. Im Gegenteil braucht er ausnahmsweise ziemlich grobe Worte und nennt die Lehre des David eine Torheit. Dabei bleibt es aber nicht. Thomas beschreibt im folgenden, wie David offenbar auf seinen Irrtum gekommen ist und widerlegt ihn dann auf seine, gewohnt akribische Weise. Davon beim nächste Mal mehr.

ScG I,17: In Gott gibt es keine Materie.

Die materia prima und die zwei verschiedenen Verschiedenheiten

Im siebzehnten Kapitel taucht ein neuer Begriff auf, der nur wenigen geläufig ist: Die materia prima. Das Abstruse an ihr ist, dass es sie auf der einen Seite geben muss und auf der anderen Seite nicht geben kann. Wenn ein Kind mit Lego spielt, baut es aus neutralen Steinchen Häuser, Schiffe und Ungeheuer. Wenn die Steinchen unverbaut da liegen, sind sie quasi ein Nochnichts. Sind sie zusammengebaut bilden sie ein Schonfertig. Die materia prima wird nun gedacht als irgendwelche allerkleinsten Einheiten, die noch nichts gebildet haben, aus denen noch nichts gebaut wurde, wie wenn Atome im Raum schwebten, die keinerlei Moleküle bilden. Die Alten gingen aber davon aus, dass es in Wirklichkeit keine Materie geben könne, die nicht irgendetwas bildet. Es gibt Marmorfiguren und Marmorblöcke. Es gibt Marmorsplitter und Marmorkörnchen. Aber Marmor, ganz ohne irgendeine Form, und sei es die allerkleinste, ist hier nicht denkbar. Da es aber im Denken der Alten die kleinsten Dinge, wie bei uns die kleinsten Teilchen auch, deshalb gibt es auch die materia prima irgendwie, aber eben nicht wirklich als prima, als vor jeder Formung vorliegend. Es wäre zu eng gedacht, die materia prima auf die Physik zu beschränken und zu meinen, die Alten hätten damit nur irgendwelche Atome gemeint. Materia prima ist umfassender und für alle Dinge gemeint, eben als etwas ganz frühes, was es so aber gar nicht geben kann. Solche Gedanken sollte man für das siebzehnte Kapitel vielleicht im Kopf haben.

Thomas sagt dort, man könne zwei Arten von Verschiedenheit unterscheiden: Da gibt es zum Beispiel eine absolute Verschiedenheit, die so verschieden ist, dass man weder nach etwas Gleichen, noch nach Unterschieden suchen braucht. Daneben gibt es eine Art Teilverschiedenheit, bei der es zugleich etwas Unterscheidendes gibt und etwas, was gleich ist. Die Tage Montag und Mittwoch sind dadurch verschieden, dass sie zu völlig ungleichen Zeiten stattfinden. Sie haben aber etwas Gleiches, beide sind Tage. Man kann also das Unterscheidende suchen, weil zuvor etwas Gleiches festgestellt werden konnte.

Es gibt aber auch eine Verschiedenheit, bei der beide Dinge ganz verschieden sind und nichts Gleiches an sich haben. Bei einem Wochentag und der Farbe Grün gibt es nichts Gemeinsames, was man suchen könnte, und Tiere haben nichts mit Dreiecken gemeinsam. Thomas braucht diese Unterscheidung, weil sein Gegner David von Dinant sie nicht macht. Dieser David kennt offenbar nur diejenige Verschiedenheit,

die auch Gemeinsames hat. Dabei nimmt er die Vorgabe zur Kenntnis, dass Gott und die Materie in sich gesehen jeweils ganz und gar einfach gedacht werden müssen. Ganz und gar einfach meint, dass in Gott sozusagen nur einfach Gott ist, und dass auch in der prima materia innerlich nichts sein kann, was nicht ganz und gar diese materia ist. Wenn beide derart verschieden sind, dass etwas Gemeinsames gedacht werden muss (beide sind ja irgendwie), dann müssen Gott und die kleinsten Bausteinchen also irgendwie dasselbe sein.
Man könne auf der oberen Ebene der zusammengebauten Geschöpfe sozusagen das Verschiedene feststellen, wie Ungeheuer und Hubschrauber verschieden sind. Auf der unteren Ebene aber müssten sie bei absoluter Einfachheit ein- und dasselbe sein, weil sie zusammen und als absoluten Grundstoffe sozusagen gedacht werden müssen! Es wird hier auf der Ebene der reinen Logik also behauptet, dass Gott ein- und dasselbe ist wie die kleinsten, neutralen Bausteinchen, um es so zu sagen.
Wir kennen das aus modernen Vorstellung von Gott. Ich habe eine Bekannte, die zum Beispiel glaubt, sie habe etwas Göttliches an sich. Genau genommen sei sie in gewisser Hinsicht ein Stück Gott, weil Gott eigentlich nichts anderes sei, als die ganze Welt zusammen genommen. Dem heiligen Thomas reißt bei so etwas die Hutschnur, und er meint, derartige Vorstellungen könnten nur ziemlich schlecht ausgebildeten Hirnen entspringen und könnten schlimme Folgen haben. Er regt sich hier bei David auf, was er sonst sehr selten tut. Er klagt den David an, wie wenn ein Schüler, der seine Hausaufgaben nicht mal gemacht hat, meint, sich als Lehrer aufspielen zu müssen. Thomas ereifert sich also und beklagt, sein Gegner David nehme sich in seinem Unverstand heraus, ganz falsche Dinge zu lehren, nur weil er das mit den absoluten Unterscheidungen nicht begriffen habe.
Für Thomas bleibt Gott der ganz andere, weil er von allem in der Welt so sehr verschieden ist, dass man sich nicht die Mühe machen müsse, nach Gleichem Ausschau zu halten. Diese absolute Verschiedenheit von Gott und Welt ist für den heiligen Thomas so wichtig wie kaum etwas sonst, und er verteidigt diese katholische Lehre mit der Sturheit eines Ungeheuers, das in seiner Höhle einen Schatz bewacht.

ScG I,18: In Gott gibt es keine Zusammensetzung.

Der heilige Thomas und die weniger geübten Leser

Ich kann mir vorstellen, dass es den geübten unter den Thomaslesern spätestens hier, beim achtzehnten Kapitel seiner Summe etwas langweilig wird, weil die Gedanken nur sehr wenig Neues bringen. Man kann jetzt nicht sagen, dass sich die Dinge bei ihm wiederholen, das nicht. Es folgt aber doch mehr oder weniger eine Schlussfolgerung nach der anderen auf ein- und dieselbe Grundannahme.

Wenn einer feststellt, dass sein Auto im Dorf in jeder Hinsicht das schnellste ist, so muss er die einzelnen Aspekte nicht mehr aufzählen. Man muss nicht unbedingt sagen, dass es sowohl das schnellste in seiner Beschleunigung, als auch in der Endgeschwindikeit ist. Oder wenn man das schon gesagt hat, dann muss man nicht unbedingt auch noch sagen, dass sowohl Herr Schmitz, als auch Herr Müller nicht an ihm vorbei können. Man möchte meinen, dass man das alles schon weiß, sobald es hieß, das Fahrzeug sei das schnellste weit und breit.

Für einen geübten Denker dürfte einigermaßen klar sein, dass es in Gott nicht das geben kann, was wir passive Potenz genannt haben. Sobald klar ist, dass Gott ewig ist und sobald klar ist, was passive Potenz heißt, ist klar, dass sie in Gott nicht vorkommen kann. Und wenn Gott nun ewig ist, dann steht auch fest, dass keine Materie in ihm sein kann. Wenn also wirklich keinerlei passive Möglichkeit und keine Materie in ihm sind, dann liegt der Schluss nahe, dass in ihm auch keine Zusammensetzung, sondern reine Einheit ist.

Thomas sagt im achtzehnten Kapitel, aus vielen Teilen könne nicht ein einziges werden, wenn nicht mindestens eins von den Teilen im Akt und eins in Potenz sei. Für einen geübten Denker sei das alles sonnenklar, bevor es überhaupt gesagt werde, meinte unser Professor, der ein solch geübter Denker war. Ich für meinen Teil muss dagegen leider sagen, dass ich bis heut kein solch geübter Denker bin. Mir wird das alles lange nicht klar, wenn es nur kurz gesagt wird. Mir wird das alles auch überhaupt nicht unbedingt klar, wenn es schon lange schwarz auf weiß zu lesen steht und vor mir liegt. Ich muss mir die Dinge erst mit möglichst einfachen Bildern vor Augen führen, damit ich sie überhaupt einigermaßen verstehen kann.

Potenz haben bedeutet etwas sein können, was man nicht ist. Ich sitze in Göttingen und könnte ebenso gut auch in München oder Mogadischu sein. Ich brauche die Bilder der Städte um zu verstehen, dass ich hier wirklich, also im Akt bin und dort noch gar nicht, also in Potenz bin, weil ich ja da sein könnte, ohne es zu sein.

Thomas benötigt solche Bilder nicht und könnte auch alles auf einmal sagen. Er tut es aber nicht, sondern schreibt Kapitel für Kapitel für seine Schüler, weil sie Schüler sind.

Er sagt zum Beispiel oft, ein jedes Ding könne nur etwas tun, sofern es im Akt ist. Als mir das nicht gleich in den Schädel wollte, half mir die Vorstellung, dass ich erst dann in München einen Nagel in die Wand schlagen kann, wenn ich wirklich, also aktuell, und nicht nur möglicherweise dort bin. Ich muss erst von hier nach da gefahren sein und die Möglichkeit in die Wirklichkeit, also von der Potenz in den Akt zu überführen. Erst dann, wenn ich aktuell da bin, kann ich dort etwas anstellen.

Thomas sagt im achtzehnten Kapitel also, in Gott könne es keinerlei Zusammensetzung geben. Das erklärt er wieder mit einem seiner wunderbar selbstverständlichen Sätze: Alles Zusammengesetzte sei später als die Teile, aus denen es zusammengesetzt wurde. Das heißt, bevor ein Tisch entsteht, muss es irgendwie schon die Beine und die Platte gegeben haben. Wenn es in Gott irgendeine Zusammensetzung gäbe, dann müsse man in ihm irgendein Früher und irgendein Später annehmen. Das aber ist nicht denkbar, wenn er ewig ist. Ewig sein heißt ja, weder ein Früher noch ein Später kennen. Auch das hätte ein geübter Denker wahrscheinlich wissen können, ohne dass es eigens gesagt hätte werden müssen. Die Summe wider die Heiden ist also das Buch eines geduldigen Lehrers für seine Schüler, wie ich einer bin.

ScG I,19: "In Gott gibt es nichts Aufgezwungenes, noch etwas, was seiner Natur fremd ist."

Kann man Gott Gewalt antun?

Das neunzehnte Kapitel ist sehr kurz, das zwanzigste sehr lang. Würde der heilige Thomas heute leben und mit dem Werk einer Summe gegen das aktuelle Heidentum beauftragt, wäre es vielleicht anders herum, denn das neunzehnte verteidigt die Behauptung, dass nichts und niemandem Gott Gewalt antun kann. Ein kluger alter Mönch hat mir einmal gesagt, im Kloster habe jeder, der es ernst meint, seinen ganz eigenen, kleinen Judas. Ich halte das bis heute für ein besonders weises Wort, das auch zur Welt außerhalb des Klosters passt. Sobald man etwas im Leben ernst meint, erstehen einem Verräter und Gegner. Man sieht genau dann überall die duftenden Zigaretten, wenn man sich das Rauchen abgewöhnen will. Möchte man auf der Arbeit besonders gewissenhaft sein und seine Sache gut machen, erstehen einem die Neider.
Thomas lebte in schwierigen Zeiten. Er war, wie wir wissen, als junger Mann in einen der neuen Orden eingetreten und gehörte zur ersten großen Generation der Eroberer katholischer Lehrstühle für die Bettelorden. Er verfasste gleich mehrere, recht umfangreiche Werke, in denen er den Stand und die Berechtigung der neuen Gemeinschaften an den Universitäten verteidigte. Die Streitigkeiten konnten so weit gehen, dass Thomas seine Vorlesungen unter Polizeischutz halten musste.
Zu seiner Zeit gab es auch den großen Streit um den Philosophen Aristoteles. Der wurde von konservativen Kreisen mehr als kritisch beäugt, weil er nicht nur genial, sondern vor allem ein Heide war. Es gehörte schon eine große innere Freiheit dazu, einen der alten Griechen geradezu als einen Kirchenvater anzusehen, wenn es darum ging, die Lehre zu beschreiben. Das war, wie wenn der Papst sich heute einen gebildeten Hindu als einen seiner ersten Berater an seinen Hof holen würde. Zu allem Übel haftete dem Aristoteles der zweifelhafte Ruhm an, von den islamischen Gebildeten mit dem gleichen Eifer ernst genommen und interpretiert zu werden. Es brauchte einen Theologen vom Format eines Albert von Köln und eines Thomas von Aquin, um die Sprachbilder und tiefen Einsichten des Philosophen für das Katholische nutzbar zu machen, ohne dessen Konturen zu verletzen. Thomas war ein Professor von höchstem Verstand, der die Sache seiner Kirche aus einer tiefen, kindlichen Liebe heraus mehr als ernst nahm. Ein solcher Mann braucht nicht auf Gegner und Themen warten, über die er schreiben kann. Eine Summe wider die Heiden würde heute wahrscheinlich etwas anders konzipiert sein, was die Verteilung

ihrer Gewichte angeht. Das heißt, wir dürften es heute mit einer ganz anderen, heidnischen Versuchung zu tun haben, als Thomas damals und die Vertreter der vermeintlichen Aufklärung tragen heute ganz andere Kleider. Deshalb vermute ich, dass das neunzehnte Kapitel heute etwas umfangreicher wäre als damals.

Natürlich wird sich jeder Theologiestudent nach dem ersten Grundsemester müde zurücklehnen und wissen, dass der Gottheit Gottes niemand von außen Gewalt antun kann. Vielleicht würde ihm sogar das Argument des Thomas in den Sinn kommen, jede Gewalt oder jede Hinzufügung würde Veränderung bedeuten, und die kann ja, wie gesehen, nicht sein. Genau in der Annahme aber, dass das doch geht, hat eine ziemlich große Strömung eines neuen Heidentums ihre Wurzeln, die die Geistesgeschichte so schwer los wird, wie Ackerwinden im Kartoffelfeld.

Für den neuzeitlichen Philosophen Hegel und manche seiner Kollegen war Gott insgesamt mehr oder weniger ein armes Wesen, das die Welt brauchte, um überhaupt irgendwie zu sich zu kommen und als Gott zu wachsen und fertig zu werden. Ganze Strömungen der Philosophie behandelten die Gottheit Gottes wie eine Art Weltgeist, der das Universum brauchte, wie die Ameisen ihre Blattläuse.

Meine esoterische Freundin auf der Arbeit glaubt bis heute, etwas Göttliches in sich zu haben und freut sich an diesem, für mich völlig abwegigen Gedanken. Auch da wir der Gottheit mit der Annahme Gewalt angetan, er müsse sich in der Welt wie Kakaopulver in der Milch verteilen.

Der heilige Thomas kannte derlei gedankliche Versuchungen zwar schon und schrieb auch drüber. Sie hatten zu seiner Zeit wohl aber noch lange nicht das Gewicht von heute, weil damals alle Welt noch an die Notwendigkeit von Lehrämtern glaubte. Damals gehörte jeder irgendwie einer größeren Glaubensschule an, von der er sich definieren konnte und etwas sagen ließ. Heute gehört es eher zum guten Ton, sich seine Religiosität selbst zusammenzustellen und sich der Angebote der großen Schulen zu bedienen wie im Legokasten. Der erste, der dabei drauf geht, ist immer Gott, der dauernd ganz neu zu konzipieren ist. Vielleicht würde das neunzehnte Kapitel, das Gott gegen äußere Gewalt verteidigt, heute eine Einleitung bekommen, in der steht, dass der Mensch eigentlich ein ordentliches Lehramt braucht.

ScG I,20: "Gott ist kein Körper"

Der heilige Thomas und die Weise zu argumentieren

Das zwanzigste Kapitel ist, wie gesagt, sehr umfangreich. Thomas führt lange Beweisgänge, um darzulegen, dass Gott auf keinen Fall und in keiner Weise ein Körper sein kann. Dabei geht es ihm, wie oft, übrigens auch darum, den Philosophen Aristoteles richtig zu verstehen und anzuwenden. Gegen Ende des Kapitels schreibt er dann, dass seine Argumente eigentlich auch all jene widerlegt haben müssten, die annahmen, die damals geläufigen Naturelemente, die Sonne, der Mond oder sonstige Phänomene seien Götter oder sonst irgendwie göttlicher Natur.

Thomas schließt hier einen Reigen von Kapiteln ab, in denen er zeigt, was Gott alles auf keinen Fall sein kann, wenn man richtig nachdenkt. Wenn man so möchte, geht es hier noch einmal darum, mit der Kraft theoretischer Argumente zu zeigen, dass die Welt nicht göttlich ist, und dass Gott nicht weltlich ist und nicht sein kann.

Am Ende des Kapitels schreibt er, viele der genannten Ansichten fußten auf einem Fehler, den man nicht machen dürfe: In Diskussionen wie diesen müsse die menschliche Einbildungskraft außen vor bleiben. Thomas schreibt: Die genannten Irrtümer hätten ihre Veranlassung letztlich in dem Umstand, dass die Einbildungskraft des Verstandes immer die gewohnten, körperlichen Bilder auf den Plan fördere. Diese menschliche Einbildung müsse man aber in den Diskussionen, in denen es um ganz und gar unkörperliche Dinge geht, bei Seite lassen.

Thomas nennt als Negativbeispiele durchaus bedeutende Namen und die komplette Häretikerschule der Manichäer. Im Grunde wirft er ihnen allen vor, dass sie nicht wirklich, oder besser, nicht auf reine Weise denken, obwohl sie es eigentlich können müssten.

Als ein Beispiel lässt sich vielleicht eine Diskussion erwähnen, die ich einmal mit einem evangelischen Pfarrer führen durfte. Wir hatten uns schon öfter und länger in Gesprächen um theologische Fragen ausgetauscht. Einmal ging es um die Marienverehrung. Weil wir ein Gläschen Wein und Zeit hatten, erwogen wir so gut wir konnten das gesamte Für und Wider in der Bibel, der Theologie und in den jeweiligen Traditionen. Am Ende stellte sich heraus, dass die Theologie allein die Verehrung der Mutter Jesu weder verbieten, noch verbindlich anordnen kann. Niemand, der die Bibel lange genug liest und niemand, der sich redlich der theologischen Wissenschaft hingibt, kommt am Ende dazu verbindlich sagen zu können, dass man die Mutter eigentlich verehren müsste oder nicht dürfe. Die

Theologie klärt die marianische Frage genau so wenig wie die Naturwissenschaft die, ob es Gott gibt oder nicht. Am Ende sagte mein protestantischer Kollege, der Grund, warum er die Mutter Jesu nicht verehre, liege wohl in seiner Tradition; man tut das nicht in den evangelischen Kirchen. Letztlich lasse er es aber wohl auch, weil er einfach keine gefühlsmäßige Beziehung zu Maria habe. Wir tranken einen drauf, als ich sagte, bei mir sei es eher umbekehrt. Ich verehre Jesu Mutter viel eher wegen meiner kindlichen Liebe als um einer Tradition willen oder weil es sich sonst so gehören würde.

Man kann anhand der theologischen Logik sehr wohl herausarbeiten, warum die Mutter Jesu als etwas ganz Besonderes gelten dürfte. Thomas tut das übrigens auf gewohnt feine Weise. Die katholische und orthodoxe Verehrung allerdings, die kommt eher aus der mystischen Veranlagung der Kirche als Gottes Volk, das am Herzen des Vaters ruht.

Man konnte meine Oma beispielsweise schon morgens um sechs beim Versorgen der Kühe Marienlieder summen hören, und sie verehrte die Gottesmutter wie ein Töchterchen ihre Mama. Das tat sie jedoch nicht, weil der Pfarrer es gewünscht hätte oder weil es im Katechismus stand. Sie hätte auch weder damit angefangen oder aufgehört, wenn ein Papst da was angeordnet hätte. Die Muttergottesverehrung meiner Oma ging wohl mit der Theologie des heiligen Thomas konform. Seine Theologie empfahl sie wohl auch, sie forderte sie aber nicht, wie die Taufe und die Beichte vor der Kommunion etwa.

Die Kirche hat ihre mystische Seite und das Glauben der Menschen hat schon mal Gründe, die Thomas in seinem scharfen Denken und theoretischen Erwägen als Argumente nicht gestatten würde. Leider wird hier und da besonders in den Gesprächen um die Reformen der Kirche mit Argumenten gestritten, die auch eigentlich keine sein dürften.

ScG I,20: “Gott ist kein Körper”

Die Außerirdischen und die Unbekanntheit Gottes

Wenn wir es draußen im Weltall mit Außerirdischen zu tun hätten, dann wären irgendwann alle einmal interessiert, wie diese Wesen aussehen. Vor allem, wenn man davon ausgehen müsste, dass diese Lebensformen uns überlegen wären. Wenn sie technisch viel weiter wären als wir, wenn wir damit zu rechnen hätten, dass sie viel intelligenter sind, wenn überhaupt nicht davon ausgegangen werden könnte, dass sie sich in gleicher Weise wie wir ernähren und fortpflanzen, wenn sie weder atmen noch essen würden: Wir müssten sie unbedingt genauer kennenlernen, allein schon, um einzuschätzen, ob Gefahr von ihnen ausgeht oder nicht.

Wenn das alles so wäre, was würde man von Kindern halten, die in ihren Schulheften anfingen, diese fremden Lebensformen, die noch nie jemand gesehen hat, zu malen? Die einen malten grüne Wesen mit haarigen Beinen, andere malten graue Körper ohne Gliedmaßen. Die einen würden Sprechblasen malen, die anderen geheimnisvolle Stimmen annehmen. Man würde vermutlich meinen, die Kinder könnten sich ihrer Vorstellung ruhig hingeben. Man würde aber wohl kaum davon ausgehen, dass eins von ihnen die Fremden zufällig genau trifft.

Was und wie sie genau sind, das könnte man nur herausfinden, wenn man entweder mit ihnen Kontakt aufnimmt oder wenn sie von sich aus mit uns reden wollten. Bis dahin wäre alles blanke und haltlose Spekulation.

Vielleicht könnten sich ganz intelligente und konsequente Denker per Ausschlussverfahren der Wahrheit der großen Unbekannten nähern. Sie würden ganze Kataloge festlegen, was eigentlich unmöglich sein müsste und was gar nicht sein könnte. Am Ende, wenn man die Wesen kennt, würde man sagen können, nur dieser oder jener Denker sei der Wirklichkeit einigermaßen nahe gekommen.

Im zwanzigsten Kapitel stellt der heilige Thomas etwas ähnliches fest. Er sagt, in der Gottesfrage sei (außer Aristoteles natürlich) einzig der Philosoph Anaxagoras der Wahrheit Gottes einigermaßen nahe gekommen. Der hatte nämlich geschrieben, derjenige, der alles bewege, müsse von seinem Wesen her ganz geistig sein.

Wenn es um die Außerirdischen geht, kann eigentlich gar nicht möglich sein, dass die Kinder sie sich zufällig richtig vorstellen. Noch viel weniger kann es sein, dass die Menschen sich von sich aus Gott, der noch einmal ganz anders sein muss, vorstellen. Man kann, wie gesagt, wohl jede Menge ausschließen, was Gott nicht sein kann und so der Wahrheit einigermaßen nahe kommen.

Nun ist es aber so, dass wir in unserer Welt auf jede Menge Versuche stoßen, sich Gott auszumalen, und diejenigen, die das tun, sind alles andere als Kinder in der Schule. Man kann von vielen Leuten hören, wie sie sagen, „für sie“ sei Gott aber so und so. Etliche sagen „für mich ist Gott aber so und nicht anders“. Dieses „für mich“ heißt eigentlich: Ich denke mir Gott aus und weil ich ihn mir ausdenke, glaube ich, dass er so ist. Etwas nüchtern betrachtet müsste man annehmen dürfen, das sei ziemlich töricht. Es scheint aber so zu sein, dass man annimmt, wenn möglichst viele solche Gedanken anstellen, dass das dann aufhörte töricht zu sein.

Niemand wird bezweifeln, dass man nur dann wirklich herausfinden kann, wie die Außerirdischen aussehen, wenn sie uns die Lösung zeigen. Ebenso ist es mit Gott. Man kann nur dann wissen, wie Gott ist, wenn er sich zeigt, und das hat er nach Auskunft der großen Religionen getan. Bis er sich zeigte, konnte man sich viele Gedanken machen, um ihn zu erraten. Und seit er sich gezeigt hat, kann man sich viele Gedanken um das machen, was man nun weiß, durch Argumente zu stützen und zu besprechen.

Jetzt kommt zum Ganzen eine weitere törichte Annahme hinzu. Man weiß, dass jeder einzelne Mensch seinen Verstand hat. Das bedeutet, jeder muss sich selbst auf den Weg machen und erfahren, was Sache ist und was mit ihm einmal sein soll und sein wird. Jeder einzelne, der Verstand hat, der hat auch eine eigene Verantwortung.

Aus dieser Annahme zieht man schon mal den unsinnigen Schluss, dass Gott sich auch jedem einzelnen zeigen müsse. Man scheint sich mit Händen und Füßen gegen den Gedanken zu wehren, dass der Allmächtige sich nur einigen wenigen Menschen oder einer Gruppe gezeigt haben könnte und dass alle sich von diesen die nötigen Informationen geben lassen sollen. Man beharrt auf dem Gedanken, dass Gott sich gefälligst jedem einzelnen zu zeigen hat oder dass jeder einzelne sich “seinen“ Gott ausmalen kann. Diese Annahme dürfte einer der großen Irrtümer unserer Zeit sein; dass jeder seine eigene Religion aus vielen kleinen Fetzen, die er aufschnappt, zusammenbauen und für sich basteln muss. Vor allem aber, dass diese vielen Religionen alle wahr sein sollen.

ScG I,20: "Gott ist kein Körper"

Der große Gott und die kleinen Götter

Thomas erklärt also in aller Breite, dass Gott kein Körper sein kann. Wahrscheinlich sollten wir noch einmal etwas dazu sagen: Wenn Gott ein Körper wäre, dass er dann nicht göttlich sein könnte. Die jüdischen Väter unseres Glaubens hatten sich über lange Zeit streng an einen Gedanken zu gewöhnen: Dass die Götter der Heiden um sie herum gar keine Götter sind, sondern nur Götter heißen, fälschlicherweise.

Eine Schokoladenzigarette ist eigentlich gar keine Zigarette und ein kleines Auto aus Plastik ist eigentlich gar kein Auto. Zu einer Zigarette gehört, dass sie Tabak verbrennt und zu einem Auto gehört, dass man sich reinsetzen und fahren kann. Das Bild einer Person ist nicht die Person, sondern nur ein Bild. Die Götterfiguren, die in den Häusern der Heiden standen, wurden Götter genannt ohne welche zu sein. Seit der wahre Gott sich dem Abraham und seinen Söhnen offenbart hatte, zeigte sich, dass die Wörter Gott und Göttlich eigentlich immer schon für etwas ganz anderes vorgesehen waren. Es klingt paradox, ist aber so gemeint: Wer an die vielen kleinen Götter glaubte, der glaubte eigentlich gar nicht wirklich an etwas Göttliches.

Gott war in dieser Frage sehr streng. Er verlangte, dass seine Gläubigen mit großer Konsequenz alle Bilder der vielen kleinen Götter vernichteten und ins Feuer warfen. Die Devise lautete entweder oder: Entweder an Gott glauben oder sich den vielen kleinen Bildern aus Holz oder Stein hingeben, die in den Häusern auf den Fensterbänken standen.

Um die vermeintlichen Götter vom einzigen Gott zu unterscheiden, nennen wir sie Götzen und nicht wirklich mehr Götter. Die Götzen sind und bleiben nämlich innerweltlich und das Göttliche macht gerade aus, dass es über alles Weltliche erhaben ist.

Wenn alle Tiere im Zoo sich aus den eigenen Reihen einen Anführer wählen und auf einen Stuhl setzen, über dem „Gott“ geschrieben steht, dann bleibt der immer noch hinter den Gittern im Zoo sitzen. Das Göttliche dagegen hätte einen Sitz ganz außerhalb jedes Zoogeländes und jenseits aller Gitterstäbe. Der über alles erhabene Gott verlangte nun mit großer Strenge, dass die kleinen Anführer sich nicht mehr Götter nennen sollten, waren sie doch, wie alle anderen Wesen im Zoo in die Grenzen ihrer Körperlichkeit und überhaupt ihrer Welt gefangen.

Thomas sagt nun, zu jedem Körper gehört es, dass er eine Grenze hat. Jeder Körper hört irgendwo auf und es gibt bei jedem Körper immer ein über ihm, ein unter- und ein neben ihm. Um jeden Körper kann man irgendwann mal herumfahren, und sei es nur in Gedanken. Das passt aber gar nicht zu dem, was längst schon über Gott gesagt worden war: Dass er nämlich keine Grenze haben kann und dass über ihn hinaus nichts größeres, kein Außer ihm gedacht werden kann. Wäre Gott ein Körper, dann müsse es ein "Um ihn Herum" geben. Allein deshalb schon kann Gott keiner sein und deshalb kann Gott keinerlei Körperlichkeit an sich oder in sich haben.

ScG I,21: Gott ist seine Wesenheit

Thomas und das Denkenkönnen

Es gibt Fähigkeiten, die automatisch jeder kann, wer ein Mensch ist. Jeder kann atmen und jeder kann lachen. Atmen tut jeder, lachen würde manchen gut tun. Können aber können es alle. Bei den grundsätzlicheren Dingen des Menschseins ist es nun in der Regel so, dass man gleich ganz richtig kann, was man kann, sobald man es kann. Jeder der überhaupt atmen kann, der kann gleich richtig atmen. Auf der anderen Seite gibt es Dinge, die alle können, die manche aber besser können als andere. Jedes Kind kann laufen. Das eine läuft aber schneller als das andere. In der Regel kann auch jeder sehen, doch auch da gibt es Unterschiede. Der eine sieht eben besser als der andere.

Ein Beispiel für die Dinge, die man gut oder schlecht können kann, ist das theoretische Nachdenken. Beim theoretischen Nachdenken muss man sozusagen das nackte Denken beherrschen. Albert Einstein war ein Meister darin. Der baute in seinem Denken die ganze Welt um, und Jahrzehnte später wusste man erst, wie Recht er hatte.

Sehr eklatant wird unser Problem in der religiösen Frage. Als Gläubiger halte ich sie für die allerwichtigste Frage im ganzen Leben. Sie ist am Ende wichtiger als das Vaterland, wichtiger als die Familie, wichtiger als jedes Vermögen und wichtiger sogar als alle Freunde und Beziehungen sonst. Die religiöse Frage ist eine der grundsätzlichen Lebensfragen, der sich eigentlich jeder irgendwann unbedingt stellen sollte; entscheidet sich in ihr doch das ewige und unveränderliche Wohl und Wehe des gesamten Schicksals.

Wenn ich richtig liege, können die groben Irrtümer sehr fatal sein, und die vermeintlichen Märtyrer, die sich und andere in den Tod sprengen werden sehr überrascht sein, wenn sie dem einzigen Gott vor die Augen treten. Man sollte meinen, es wäre wichtig, sehr gut über die nötigen Sachen nachzudenken. Wenn man das selbst nicht kann, dann wäre von größter Bedeutung, sich jemandem anzuvertrauen, der ein Meister ist und Vertrauen verdient.

Hier kommt man nun aus dem entsetzten Staunen nicht mehr heraus: Es werden reihenweise fertige Zeugnisse abgeliefert, die jeden hell erstaunen lassen müssen, der auch nur ganz kurz bei den Meistern geschnuppert hat. Es scheint sich die Meinung verbreitet zu haben, das Denken sei wie das Atmen: Wer es könne, der könne es automatisch richtig und richtig gut. Dabei stimmt das glatte Gegenteil: Denken will auch bei denen Gelernt sein, die das Talent dazu haben.

Einer unserer Professoren, der es besser hätte wissen müssen, pflegte mitleidig über die mittelalterlichen Gelehrten zu lächeln, weil die sich allen Ernstes die Frage vorlegten, wie viele Engel auf eine Nadelspitze passen und ob der Allmächtige einen Stein erschaffen könne, den er selbst nicht heben kann. Der Gelehrte gähnte müde und hielt die Alten für primitiv. In Wirklichkeit waren sie die einzigen, die wussten, dass man das Denken für die religiöse Frage trainieren muss! Warum sollten die Fragen der Alten nicht so etwas wie geistige Klimmzüge und intellektuelle Liegestütze gewesen sein? Die mittelalterlichen Schulen mit ihren endlosen Debatten, die müde belächelt wurden, waren Ausbildungsstätten für geistige Spezialeinheiten, die es in der religiösen Frage unbedingt braucht und heute vielleicht kaum mehr gibt.

Wenn es in der religiösen Frage also nicht nur um Denken, sondern auch um gutes Denkenkönnen geht, dann haben wir beim heiligen Thomas einen außerordentlichen Glückstreffer gelandet. Thomas wird sogar bei seinen Feinden respektvoll als einer der exzellentesten Meister des Denkenkönnens gehandelt. Kaum jemand hat je so schnell, so präzise und so vollständig denken können wie er. Ich kann mich des Eindrucks nicht erwehren, dass viele, die Thomas, wie Luther seinerzeit, als Vielredner abtun, eigentlich froh sein können, wenn niemandem ihr eigenes Unvermögen in Sachen Denken auffällt.

Der Aquinate betritt im zwanzigsten und einundzwanzigsten Kapitel jedenfalls das einsame Hochplateau des theoretischen Denkens über Gott. Und immer, wenn ich dort hinkomme, stehe ich wie einer da, der schon lange nicht mehr mitdenken, sondern nur bruchstückweise nachlesen kann, was vorgelegt wird. Thomas stellt fest und begründet, dass in wie weit Gott seine eigene Wesenheit ist und im nächsten Kapitel wird er darlegen, dass Sein und Wesen in Gott identisch sind. Es dürfte sich lohnen, einen verstohlenen Blick darauf zu werfen um so gut es geht, zu erklären, was gemeint sein könnte.

ScG I,21: "Gott ist seine Wesenheit."

Der wirklich unbekannte Gott

Wenn jemand aus einer fremden Gegend mit der Bitte zu uns kommt, ihm ein Auto zu beschreiben, dann können wir ihm mit unserer Erklärung eins in seine Vorstellung malen. Wir können ihm alles mögliche sagen; was ein Auto ist, was eins ausmacht und bedeutet. Wir können ihm die Beschaffenheit schildern, die Farbe und das komplette Innenleben. Wir teilen ihm seine Größe, seine Höchstgeschwindigkeit und seine Farbe mit. Wenn wir uns genügend Zeit nehmen, können wir ihm also das komplette Fahrzeug in den Kopf zeichnen. Wenn unser Besuch uns bittet, ihm jetzt auch eins zu zeigen, dann können wir das nur, wenn auch wirklich eins da ist. Wenn nicht, dann können wir nichts machen.

Wir können ein Auto beschreiben. Wir können aber nicht besorgen, dass es auch wirklich eins gibt. Was ein Auto ist, das ist das eine. Aber dass es ist, das steht auf einem ganz anderen Blatt.

Das führt uns zu einem Gedanken, den der heilige Thomas im einundzwanzigsten Kapitel nennt. Wir haben Eigenschaften beschrieben. Wenn ein Auto da steht, dann sagen wir, dass es diese oder jene Eigenschaften hat. Das eine hat diese, das andere hat jene, aber alle haben welche.

Wir besprechen hier die ganz normale Weise, wie alle Dinge im Universum da und zu haben sind. Ob es sich um ein gewöhnliches Auto um die Ecke handelt oder ob wir von einer fremden Gesteinsart auf einem fernen Planeten sprechen: Bei beiden haben wir es mit Sachen zu tun, die Eigenschaften haben. Im gesamten Universum gibt es vermutlich unendlich viele Dinge. Aber bevor wir sie kennen, bevor wir auch nur von ihnen hören, wissen wir jetzt schon, dass sie Sachen sind, die Eigenschaften haben. Alle Dinge im Universum sind Sachen mit Eigenschaften. Das heißt, es gibt keine, die keine haben.

Hier bemerkt Thomas mit der ihm üblichen Schlichtheit, dass Gott ganz anders sein muss als alles, was im Universum vorkommt. In Gott könne nämlich überhaupt nicht der Fall sein, dass er Eigenschaften hat. Thomas sagt, wenn Gott, wie alles sonst, Eigenschaften hätte, dann wäre in ihm eine Zusammensetzung. Das könne aber nicht sein, wie schon gezeigt worden sei. Gott habe sein Wesen nicht, er sei es vielmehr. Gott ist sein Wesen, er hat es nicht. Das ist die Behauptung und nur diese erlaubt uns, wirklich jede Zusammensetzung in und an ihm auszuschließen.

Das alles bedeutet, dass es kein Ding der Welt gibt, das nicht aus irgendetwas zusammengesetzt ist. Sogar ein Stück Seife, an dem nichts und niemand etwas anderes als Seife finden kann, ist zusammengesetzt aus der Seife und der Form, die sie hat. Es gibt keine Seife, die keine Form hat und es gibt keine Form, die nicht irgendeinen Stoff hat, der geformt ist.

Thomas behauptet nun, dass das alles bei Gott überhaupt nicht so sein kann. Das bedeutet endgültig, dass Gott endgültig undenkbar ist. Wie wir wissen, ist Gott in der Lehre des heiligen Thomas von der Art, dass wir ihn nicht wissen können. Hier wird nun klar, dass Gott nichts ist, was wir irgendwie noch entdecken können und dem wir nur noch nicht auf die Schliche gekommen sind. Gott ist unerkennbar, weil er so total und absolut ganz anders ist als alles Denk- und Erkennbare.

Als ich anfing, mich mit solchen Gedanken zu befassen, wurde mir Gott überhaupt nicht fremd oder unheimlich. Immer noch galt, dass er mein himmlischer Vater war und immer noch galt, was die Kirche mir über ihn beigebracht hatte. Mir wurde aber eher unverständlich, dass er in Teilen dieser Kirche irgendwie jeden Zauber des Unbekannten und Erhabenen verloren zu haben schien.

Jesus, der Gott und Mensch zugleich war, hatte seinen Jüngern irgendwann gesagt: „*Ihr* aber seid Brüder“. In der Kirche meiner Gegend schien man zu glauben, dass er sich versprochen hatte und eigentlich „*Wir* aber sind Brüder“ gesagt haben wollte. Jedenfalls behandelte man den Erlöser wie den Bruder in der eigenen Familie, den man morgens vor der Schule ärgern konnte und der einem mittags auf dem Weg nach Hause dafür einen um die Ohren gab.

Als ich später Thomas las, war mir, als ob er von den Hirten meiner Kirche vielleicht zu wenig gelesen worden war. Für sie war Christus zwar immer noch Gott, aber Gott durfte irgendwie nicht mehr wirklich göttlich und erhaben sein. Beim heiligen Thomas ist das alles noch zu haben, und seine Bücher sind für mich wie kleine Schatztruhen, die mir die wichtigsten Wahrheiten schützen und aufbewahren.

Exkurs: Was ist ein Fremdwort?

Der heilige Thomas meinte, man solle so sprechen, dass einen möglichst alle verstehen. Um das tun zu können, muss man die Wörter gebrauchen, wie sie von allen gebraucht werden. Die Idee ist von Aristoteles. Sie durchzusetzen ist aber ist nicht immer möglich.

Wer zum Beispiel in den Büchern des heiligen Thomas stöbert, ohne zuvor schon mal etwas Philosophie gelernt zu haben, der wird meinen, dass der Gelehrte sich nicht an seine eigenen Vorgaben gehalten hat.

Ein befreundeter Polizist rief mich eines Tages an und berichtete, er habe in einer Arbeitspause einmal an mich gedacht und im Bücherladen in einem Büchlein über den heiligen Thomas gestöbert. Dort sei er zufällig auf die Frage gestoßen, ob die göttliche Substanz auch Akzidenzien kenne. „Ich habe es dann gleich wieder zugeschlagen", lautete das Ende der kurzen Begebenheit.

Thomas war Professor an den großen Universitäten seiner Zeit. Zudem hatte er in der Ausbildung von Priestern und Ordensleuten zu tun. Seine Schüler hatten die Philosophie schon gelernt, als sie zu ihm kamen und konnten mit den Wörtern arbeiten.

Wenn wir Thomas verstehen wollen, müssen wir in gewisser Hinsicht wie seine Schüler werden und wahrscheinlich vorher einige Grundbegriffe der Philosophie für uns geklärt haben, damit die Fremdwörter aufhören fremd zu sein.

Fremdwörter werden für gewöhnlich als besonders schwere Wörter angesehen. Das Gegenteil ist der Fall. Fremdwörter sind leichte Wörter, die einem die Arbeit erleichtern. Es sind allerdings solche, die nur in bestimmten beruflichen Räumen verwendet werden und dort für alle immer das Gleiche meinen.

Wenn ein Klempnermeister seinem Lehrling sagt, er soll ihm die Wasserpumenzange reichen, dann wird dieser ihm etwas in die Hand drücken, was ein Unkundiger als dickes, rotes Metallteil mit etwas wie einem großen Maul beschreiben wird. Die beiden Arbeiter machen es sich leicht und meinen aber etwas ganz Präzises mit dem einen Wort, auf das sie sich geeinigt haben.

Wasserpumpenzange ist kein schweres, aber ein fremdes Wort. Auf der Straße müssen die Handwerker von dem dicken, roten Eisending sprechen, wenn sie verstanden werden wollen.

Fremdwörter haben etwas Zweites an sich: Sie sind unromantisch. Das Wort Wasser zum Beispiel ist kein Fremdwort. Wenn man es einem Dichter sagt, fängt er an, die märchenhaften Weiten des Meeres zu besingen. Sagt man es einem Durstigen, fängt

er an, von der Großartigkeit dieses bescheidenen Geschenkes zu reden, wenn es die Kehle herabrollt. Ein Feuerwehrmann erzählt vielleicht in abenteuerlichen Geschichten, wie er Menschen aus brennenden Häusern gerettet hat.
Ein einfaches Wort wie Wasser steckt voller Poesie und Romantik. Wenn aber ein Chemiker von Wasser spricht, nennt er es H2O und aus ist es mit der Romantik. Große, rote Eisendinger sind romantisch. Kinder brauchen sie zum Spielen, und da können sie plötzlich fliegen wie riesige Insekten und sprechen dazu. Die Klempner drehen damit nur Schrauben auf und zu.

ScG I,22: Sein und Wesen sind in Gott das selbe.

Die Visitenkarte des Lieben Gottes

Josef Pieper hat einmal bedauert, dass einem die richtigen Antworten immer erst viel zu spät einfallen. Wenn man sie im Streitgespräch gebrauchen kann, sind sie nicht da. Hinterher weiß man immer, was man am besten gesagt hätte.

Eine solche Situation fiel mir ein, als ich vor Tagen das zweiundzwanzigste Kapitel wieder gelesen habe. Beim Streitgespräch damals ging es um die berühmte Stelle mit Gott, dem Mose und dem Dornbusch der in Flammen stand, ohne zu verbrennen.

Mose nähert sich, wird aufgefordert die Schuhe abzulegen und Gott beginnt ein Gespräch mit ihm. Mose bekommt den Auftrag, zu den Führern seines Volkes zu gehen und ihnen Gottes Pläne von der Rettung Israels aus Ägypten zu unterbreiten. Mose stellt eine verständliche Frage. Er bittet, dass Gott ihm seinen Namen sagt. Schließlich müsse er dem Volk doch mitteilen, mit wem genauer er gesprochen habe. Dann gibt Gott ihm die viel diskutierte Antwort. Er sagt „ich bin der ich bin". Mose soll dem Volk sagen, „der, der ist" habe ihn gesandt.

Leider haben wir die Stelle damals in einer Übersetzung gelesen, die das Gespräch leicht auf falsche Bahnen bringt. Dort hieß es, Gott habe sich der „ich bin da" genannt.

Wenn man im gewöhnlichen Sprachgebrauch „ich bin da" oder „ich bin hier" sagt, meint man vor allem den Ort, an dem man ist. Wenn jemand „da bin ich" sagt, interessiert nicht, dass er überhaupt ist. Entscheidend ist, dass er sich da und nicht dort befindet. Sagt jemand „ich bin zu Hause" meint er vor allem, dass er daheim ist. Dass oder was er überhaupt und als solches ist, darum geht es gar nicht.

Weil die Stelle im Exodusbuch neuerdings immer so gelesen wird, deuten die Christen Gott gleich als den, „der für uns da ist" und freuen sich, dass er bei ihnen und nicht woanders ist.

Bei Thomas klingt das alles ganz anders. Er liest den Text aus dem Lateinischen. Dort steht nämlich überhaupt nichts von „da oder hier" sein. Dort steht, wie oben angedeutet, nur „sein". Im Lateinischen steht „sum qui sum", „ich bin, der ich bin". Von hier oder dort sein ist gar überhaupt nicht die Rede.

Der gewöhnliche Leser, der es liebt, schnell voranzukommen und ganz gern den zweiten Schritt vor dem ersten tut, hält sich mit den Fragen des Seins in der Regel nicht auf. Deshalb kann er wahrscheinlich gar nichts damit anfangen, wenn Gott sagt, dass er vor allem der Seiende ist. Beim heiligen Thomas ist das nicht so. Er freut sich wie ein Kind und sieht in der kurzen Auskunft Gottes gleich dessen komplette Visitenkarte. Er schreibt, ein Name sei dazu da, die Natur und das Wesen einer Sache zu bezeichnen. Der Name „ich bin, der ich bin“ drücke eine erhabene Wahrheit aus, nämlich, dass das Sein Gottes zugleich das Wesen Gottes sei.

Beim Studium der Gotteslehre müssen wir uns wahrscheinlich daran gewöhnen, dass Thomas seine größte Freude an Auskünften hat, mit denen wir so gut wie nichts anfangen können. Das hat wohl damit zu tun, dass wir mit Gott insgesamt nicht besonders viel am Hut haben. Wir gehen zwar in unsere Gottesdienste, wir beten zu Gott und erfreuen uns daran, ihn zu haben. Dabei meinen wir aber immer schon die Funktion, die er für uns hat. Wir meinen Gott als den Schöpfer und Gott als den Retter. Wir meinen Gott, der bei uns ist und Gott, der uns den Himmel bereitet.

Das ist ein bisschen, wie wenn wir die Oma besuchen, weil wir wissen, dass sie uns am Ende einen Geldschein in die Hand drückt. Wirklich interessieren tut uns dabei eigentlich nur das Geld.

Wenn wir uns am „Gott für uns“ freuen, dann kann wohl sein, dass wir uns eigentlich nur für uns selbst interessieren und für Gott nur insofern er für uns da ist. Das ist beim heiligen Thomas etwas anders. Er nimmt sich viel Zeit für Gott schreibt ein ganzes, ziemlich ausführliches Kapitel, nur um darzulegen, dass Gottes Sein und Gottes Wesen identisch sind. Er nennt das, wie gesagt, eine erhabene Wahrheit und zitiert sogleich bedeutende Denker, wie wenn er sich Zeugen in den Saal bestellt, die ihm eine kostbare Perle beschreiben. Es geht um Gott als Gott, und wenn das so ist, dann letztlich aus der Meinung, dass man über Gott auch wirklich mit Gewinn und wachsender Liebe nachdenken kann.

ScG I,23: "In Gott ist keine Beimischung."

Ein großer Irrtum des Propheten Mohammed

Wenn man sich früh genug erregt und den Beleidigten spielt, dann kann schon mal eine Diskussion abwürgen, bevor sie peinlich wird. Mein Vater hat mir eine solche Technik als Kind im Scherz einmal empfohlen. Wenn man etwas nicht weiß, braucht man nur ordentlich entrüstet „Wie?! Das weißt du etwa nicht?!“ zu rufen. Dann wird sich das Gegenüber nicht mehr trauen „leider nein, erkläre es mir doch!“ zu sagen. Man geht als Großer aus der Diskussion, ohne, dass heraus kommt, dass man in Wirklichkeit ein ganz Kleiner ist.

Ich will nun über den Propheten des Islam nicht sagen, dass er kein Großer wäre. Schließlich hat er eine ganz große Wirkung in der Geschichte der Religion und überhaupt in der Geschichte der Welten gehabt. Ich kann mich aber der Erkenntnis nicht erwehren, dass Mohammed sich ganz groß geirrt hat, als er versuchte, das Christentum zu verstehen. Und ich kann mich auch nicht gegen die Vermutung wehren, dass manche im Islam so schnell beleidigt sind, damit man nicht genauer bei seinem Propheten nachschauen geht.

Zu den schlimmsten erklärten Sünden gegen die Erhabenheit des islamischen Gottes gehört es, seiner Gottheit jemanden „an die Seite zu stellen“. Damit ist gemeint, Gott einen Sohn „beizugesellen“. Die Christen werden im muslimischen Sprachgebrauch oft einfach nur „die Beigeseller“ genannt, weil sie der islamischen Annahme zufolge Gott einen Sohn „beigesellen“. Diese Annahme ist aber falsch. Die Christen gesellen Gott gar nichts bei, genau so wenig, wie sie behaupten, er habe eine lange Nase. Dass die Christen beigesellen, hat Mohammed aber gesagt, und weil Mohammed das gesagt hat, deshalb ist es richtig und kann nicht falsch sein. Dagegen kommt niemand an und das Dilemma ist, dass die Christen seit vierzehn Jahrhunderten beteuern, sie würden gar nicht glauben, was Mohammed behauptet. Daraufhin werden sie auch die nächsten vierzehn Jahrhunderte die Antwort bekommen, sie glaubten es wohl; nur weil Mohammed gesagt hat, sie würden es glauben.

In der Sprache des heiligen Thomas hieße Gott etwas beigesellen oder beimischen, ihm sogenannte Akzidenzen zusprechen, und das ist unmöglich, weil Gott keine solchen haben kann. Wie und warum nicht, das klärt er im dreiundzwanzigsten Kapitel.

Beimischungen sind Eigenschaften einer Sache, die eigentlich nicht zum Wesen der Sache selbst gehören. Ein Implantat, das sich jemand in seinen Körper pflanzen lässt, gehört eigentlich in keiner Weise zum Körper, wie ein Arm, ein Bein oder ein Auge es tut. Das Implantat ist nicht am Körper gewachsen, noch wird es vom Körper ernährt. Man kann es im Grunde jederzeit wieder entfernen, ohne das Wesen des Körpers zu verändern. Es wurde ja auch angebracht, ohne das zu tun, von außen sozusagen.

Es ist nun aber so, dass man im Grund an jedem Körper irgendwelche Dinge anbringen kann. Wenn man so möchte, gehört es zum Körpersein dazu, dass das möglich ist. Wäre Gott ein Körper oder etwas ähnliches, dann könnte man ihm Beimischungen zusprechen oder annehmen, dass er welche habe. Nun sagt Thomas aber, dass das Wesen Gottes sein Sein ist und dass in ihm keinerlei Zusammensetzung angenommen werden kann. Das Sein selbst ist unkörperlich, höchst einfach und ihm kann gar nichts beigesellt werden. Es wäre ja spätestens dann eine Zusammensetzung und nicht mehr nur das Sein allein. Also ist es gar nicht möglich, bei Gott eine Beimischung anzunehmen. Es ist überhaupt nicht machbar, dass Gott etwas beigesellt wird, allein schon, weil Gott Gott ist und weil man das nicht annehmen kann, ohne grobe Denkfehler zu machen.

Wenn Mohammed nun sagt, dass der christliche Glaube der Gottheit einen Sohn beigeselle, dann hat entweder er selbst sich geirrt oder er hat mit Christen gesprochen, die ihren eigenen Glauben nicht verstanden haben.

Es ist ein Irrtum anzunehmen, Gott könne seinen Sohn nur sozusagen von außen, als beigemischte Beigesellung haben. Es geht auch anders, und wir sollten darauf zu sprechen kommen, wenn das entsprechende Kapitel unserer Summe an der Reihe ist. Auf jeden Fall aber sagt der christliche Glaube nicht das, was Mohammed sagt, er würde es sagen. Ich fürchte, damit landet mein bescheidenes Kapitel schon wieder auf einer Liste der Beleidigungen des Propheten. Mir liegt nichts ferner als eine solche auszusprechen, schon gar nicht, wenn ich an liebenswerte Bekannte denke, die muslimischen Glaubens sind. Es geht mir in meinem Kommentar aber darum, meinen eigenen Glauben darzulegen und der Sache nach zu verteidigen. Wenn das in verschiedenen Ländern nicht gestattet ist, so gestatte ich mir das hier, wo es gestattet bleiben sollte.

ScG I,24: "Gottes Sein kann man nicht bestimmen, indem man eine substantielle Hinzufügung macht."

Gott ist keine Art von etwas

Als ich zum ersten Mal Gelegenheit hatte, Mozarts Zauberflöte zu sehen, belehrte uns einer, der Ahnung hatte, die Zauberflöte sei eigentlich gar keine Oper, sondern eher eine Art Singspiel. Als ich fragte, was denn ein Singspiel sei, antwortete er, das sei eine Art Oper. Die Zauberflöte ist wunderschön und ich überlasse es gern gelehrteren Leuten, was sie genau ist. Es geht darum, dass die Dinge, mit denen wir zu tun haben, Arten von etwas sind.

Ein anderes Feld, auf dem es so zugeht, ist das Thema des Glaubens, in dem ich mich einigermaßen zu Hause fühle. Wann immer man sich zum Beispiel mit dem Atheismus auseinandersetzen will, stellt man fest, dass man sich bald auch mit den Atheisten selbst auseinandersetzen muss. Wenn man nämlich sagt, der Atheismus sei eigentlich auch nur eine Art Glaube, dann werden sie schon mal böse. Hier wird behauptet, auch diejenigen Atheisten, die Wert auf die Tatsache legen, Ungläubige zu sein, seien eigentlich Gläubige, ob sie wollen oder nicht. Der Atheismus sei nämlich auch eine Art Glaube, nur ohne Gott.

Ich würde mich da eher zu den skeptischeren Leuten zählen, weil man mit nichts nicht das machen kann, was ich glauben nenne. Zum wirklichen Glauben braucht es jemandem, dem man glaubt und wenn da niemand ist, kann man niemandem glauben. Aber darüber wird zu reden sein. Es geht, wie gesagt, um das Phänomen, dass etwas eine Art von etwas anderem sein kann.

Der heilige Thomas sagt nämlich im vierundzwanzigsten Kapitel, dass Gott hier wieder nicht sein kann, was alles sonst ist. Gott kann keine Art von irgendetwas sein.

Wenn jemand sagt, die Zauberflöte sei eine Art Singspiel, dann muss er noch etwas mehr dazu sagen, was die Zauberflöte ist. Andererseits kann er sie mit seiner Beschreibung nicht meinen. Wenn die Zauberflöte eine Art Singspiel ist, dann muss man vielleicht ein „nur, dass sie ausnahmsweise in Opernhäusern gespielt wurde" oder ein „außer, dass sie mehrere Akte wie eine Oper hat" dazu sagen. Es braucht diesen Zusatz, um die Zauberflöte zu beschreiben.

Wenn man sagt, der Unglaube sei eine Art Glaube, nur dass er keinen Gott habe, dann braucht es diese zusätzliche Bezeichnung. Es braucht dieses „nur dass" und die Angabe dazu, sonst kann man den Atheismus nicht treffen.

Wenn jemand auf einen Löwen zeigt und sagt, er sei eine Art Katze, dann muss er

irgendetwas sagen, was genau diesen Löwen unter den Katzen ausmacht. Ansonsten spricht er nur von den Katzen und meint den Löwen gar nicht.
Genau diese Art zu sprechen sei bei Gott nicht möglich, weil Gott in seiner Einzigartigkeit keine Art von irgendetwas anderem ist. Genauer genommen spricht Thomas in der Überschrift zu seinem kleinen Kapitel erst einmal nur von einer begrifflichen Hinzufügung, die Gott bezeichnen soll. Eine solche könne man bei ihm nicht machen, sagt er.
Er nennt ein Beispiel, das er öfter gebraucht. Er sagt, ein Lebewesen müsse entweder ein vernünftiges Lebewesen sein oder ein nicht vernünftiges. Wenn ein Lebewesen wirklich ist, dann muss es auch wirklich vernünftig oder wirklich nicht vernünftig sein. „Vernünftig" oder „nicht vernünftig" sind die begrifflichen Zufügungen, die man braucht, um ein Lebewesen zu beschreiben. Ob man jetzt das sagt oder das, eins von beidem muss man sagen, wenn man das Lebewesen beschreiben will. Thomas stellt fest, dass ein solcher Zusatz immer voraussetzt, dass das Ding, von dem man redet, zusammengesetzt ist, mindestens aus der Art und seinen Besonderheiten. Es wurde aber schon festgestellt, dass Gott in keiner Weise zusammengesetzt sein kann, sondern völlig einfach sein muss.

ScG I, Gott ist in keiner Gattung.

Gott kann man nicht beschreiben

Wer in der Schule das Bruchrechnen schon hatte, der wird sich denken, dass wenn von Zählern die Rede ist, bald auch etwas von den Nennern zu hören sein wird. Zähler und Nenner gehören eben zum Reden von Brüchen, wie Fahrgestell und Motor zum Auto.

Wer schon mal in der Philosophie schnuppern musste und dort etwas von Arten gehört hat, der wird sich denken, dass sehr bald auch von den Gattungen gesprochen werden wird. Art und Gattung gehören nämlich zum Sprechen über die Dinge, wie Zähler und Nenner zum Bruchrechnen.

Das Bruchrechnen und das philosophische Reden hat nun etwas gemeinsam, was viele nicht gleich glauben werden: Sie sind Sprachen, die eigentlich jeder braucht, ohne es zu wissen.

Jedes Kind weiß, dass ein halber Kuchen um die Hälfte kleiner ist als ein ganzer. Jeder weiß, dass drei viertel Liter mehr als ein halber ist. Alle reden so und betreiben, ohne es sich bewusst zu machen, unbewusst die Anfänge des Bruchrechnens.

Beim philosophischen Reden ist es ähnlich. Wann immer wir jemandem etwas beschreiben, was er nicht direkt sehen kann, reden wir von Arten und Gattungen. Wenn jemand im Fernsehen ein seltenes Tier gesehen hat, das er seinem Kollegen beschreiben wird, fängt er an, die Art zu sagen. Dann beginnt er die Gattung zu nennen und dann wird er von einzelne Merkmale beschreiben, die nur dieses eine Vieh hatte.

Wenn uns im dichten Nebel unser Nachbar entgegenkommt, erkennen wir erst einmal nur, dass das etwas kommt. Mit der Zeit sehen wir, dass es ein Lebewesen ist, dann dass ein Mensch kommt und zum Schluss erst können wir die Einzelheiten beschreiben, die unseren Nachbarn von allen anderen Menschen unterscheidet.

Das ist ungefähr schon die klassische Reihenfolge des Wahrnehmens und Beschreibens der Dinge. Erst ist da etwas. Man stellt fest, dass etwas Wirklichkeit hat und wirklich ist. Dann hören wir, es sei eine Art Lebewesen, dann ein Exemplar der Gattung Mensch. Dann kann es innerhalb der Menschen nur dieser oder jener sein, weil nur dieser oder jener eine solche Nase und so eine Stimme hat.

Der heilige Thomas wird sich im Gang seiner Summe bald die Frage vorlegen müssen, wie wir überhaupt von Gott reden können und was für Namen man ihm geben kann. Hier legt er fest, dass man ihn auf jeden Fall nicht so beschreiben kann, wie sonst alles von allen beschrieben wird. Gott ist, wie gesagt, keine Art von irgend etwas. Hier legt der Meister fest, dass er genau so wenig unter den Begriff einer Gattung fällt. Damit steht fest, dass Gott schlicht und einfach nicht beschrieben werden kann.

ScG I,26: "Gott ist nicht das Sein als Form aller Sachen."

Wir sind nicht Gott und Gott ist nicht wir.

Ich hatte vor einiger Zeit eine Arbeitskollegin, mit der sich öfter mal Gelegenheiten boten, etwas ausführlicher zu sprechen. Dabei war sie in einer Sache etwas Besonderes unter den Menschen meines Volkes: Sie sprach gern über religiöse Dinge. Normalerweise ist das Wort Religion allein schon bestens geeignet, jede Familienfeier oder abendliche Unterhaltung direkt zu beenden. Wann immer jemand Gäste hat, die er loswerden möchte, muss er nicht unfreundlich sein oder das Licht abdrehen. Er braucht einfach nur den Vorschlag in die Runde werfen, einmal über Gott zu reden. Das schnelle Ende der Veranstaltung ist garantiert, weil seine Gäste vor ihm fliehen, wie der Fuchs vor dem Jäger.

Nicht so meine Kollegin. Sie sprach gerne über den Glauben, was wohl an der einigermaßen seltenen Tatsache lag, dass sie einen hatte, den sie mir erzählen konnte.

Ich hatte in dieser trauten Runde allerdings ein Problem: Ich verstand wohl, was sie glaubte. Ich verstand aber nicht, dass sie es glauben wollte. Dabei hatte ich doch den Spruch des heiligen Bischofs Augustin im Kopf, nach dem niemand etwas glaubt, wenn er nicht glauben will.

Meine Kollegin glaubte jedenfalls, was sie mir sagte und sie wollte es glauben. Das war das, was ich nicht verstand und bis heute nicht verstehe. Meine Kollegin glaubte nämlich, dass Gott in ihr sei, und zwar in dem Sinn, dass sie Göttliches an sich habe.

Sie verstand ihren Glauben wirklich so, dass sie annahm, ihr eigentliches Dasein sei göttlich, wie alles Dasein im Grunde göttlich sei. Das meinte wohl in der Tat so etwas wie eine Art Vermischung zwischen dem Göttlichen und uns. Sie nannte es sogar Vermählung und gab ihrem Glauben damit etwas Feierliches.

Am Ende nahm sie sogar an, ihr Glaube und der meine seien sich in dieser Hinsicht ähnlich, und sie dachte, mir würde ein solcher Gedanke gefallen. Da stand es allerdings in mir auf und ich gleich mit, denn jetzt war es an der Zeit, in aller Klarheit Widerspruch einzulegen.

Nein, der Gedanke, dass ich etwas Göttliches an mir habe, ist für mich in keiner Weise attraktiv oder erstrebenswert. Ich möchte, besser gesagt, mit der ganzen Idee nichts am Hut haben.

Ich liebe meine Freunde und ich liebe die Leute aus meiner Familie. Ich bin gern mit meinen Bekannten zusammen, habe mit Freuden Gäste und unterhalte mich mit großem Vergnügen mit allen, die das schätzen wie ich. Eins möchte ich allerdings um

alles in der Welt und um Himmels Willen bleiben dürfen, ich selbst und niemand anderer. Mich beängstigt der Gedanke geradezu im Grunde nur ein Stuhl zu sein, auf dem immer schon ein anderer sitzt, und wenn es der Liebe Gott höchstpersönlich ist. Wenn ich den Gedanken der Freiheit verteidigen sollte, dann auf jeden Fall auch hier: Dass der Mensch nämlich frei ist in seinem Sein als solchem und dass sein Sein auch wirklich nur seins ist, und nicht das von jemand anderem.
Im sechsundzwanzigsten Kapitel spricht der heilige Thomas die befreiende Wahrheit aus: Gott ist nicht das formelle Sein aller Dinge. Vielmehr ist er sein eigenes Sein und wir haben das unsrige. Das belegt er gleich mit einigen Argumenten. Ich habe den Eindruck, dass auch ihm viel daran gelegen ist, diesen Glauben sauber zu widerlegen. In der Mitte des Kapitels führt der die Bibel ins Feld, indem er eine Stelle vom Propheten Jesaja und eine aus dem Römerbrief nennt. Jesaja nennt Gott hoch und erhaben, Paulus beschreibt ihn als den, der über allem ist. Thomas sagt, Gott könne, wenn er das Sein der Dinge wäre, nicht über ihnen, sondern müsse sozusagen etwas von ihnen sein. Damit gibt er der Erhabenheit Gottes ihren, möchte sagen, katholischen, hohen Rang.

ScG I,29 Die Ähnlichkeit der Geschöpfe mit Gott

Wie die Welt Gott ähnlich sieht

Wenn unsere Eltern oder die Onkel und Tanten „das sieht ihm wieder mal ähnlich“ sagten, dann meinten sie das meistens in einer Mischung von kleiner Abreibung und einer gewissen Anerkennung. Irgendwas hatte man ausgefressen, und zwar ein Delikt, bei dem man den Dieb an seinen Spuren erkennen konnte. Die Anerkennung klang in der Tatsache mit, dass man schon eine kleine Persönlichkeit war, die mit seinem Tun eigene Spuren legen konnte.

Der heilige Thomas unterscheidet in seinem Kapitel über das menschliche Glück in der großen Summe zwischen menschlichem Tun allgemein und dem Tun eines Menschen. Er sagt dort, dass es Sachen gibt, die eigentlich alle tun, und nennt ein Beispiel: Jeder Mann mit Bart kratzt sich irgendwann mal daran. Die Liste von Beispielen lässt sich unendlich lang weiterführen, es gibt unzählige Sachen, die jeder macht und die sozusagen alle Menschen gemeinsam haben. Die nennt Thomas ganz allgemein menschliche Handlungen, um ihnen einen Namen zu geben. Dann aber gibt es Handlungen, die nur dieser eine Mensch tut oder die nur dieser eine Mensch so tut, wie er sie tut. Was er macht, trägt seine Handschrift, und meine Handschrift konnten die Leute unserer Familie offenbar ziemlich gut lesen.

In seinem Kapitel über die Ähnlichkeit der Geschöpfe (mit Gott) spielt Thomas auf eine solche Ähnlichkeit an. Wenn man so möchte, sieht die ganze Welt Gott ähnlich, nur kann das niemand überprüfen, weil keiner den Schöpfer kennt, wie die Leute meiner Familie uns damals. Im Glauben kann man aber sagen, dass alle, denen das große Glück der Gottesschau im Himmel gegeben ist, sagen können, dass die Welt, wie sie ist und wird, Gott ähnlich sieht. So etwas sagt Thomas etwa, wenn er schreibt, Gott teile den Geschöpfen ihre Vollkommenheiten mit, die Ähnlichkeiten mit ihm genannt werden können.

Der Meister führt hier allerdings ein Wort ein, das dem Klang des Namens nach einigermaßen unbekannt sein dürfte, das aber jeder von seiner Bedeutung her kennt. Es ist ein Begriff, der in den nächsten Kapiteln wichtig wird, weil es da um die Namen geht, die wir dem Schöpfer geben können. Es handelt sich um das Wort Äquivok und um den äquivoken Gebrauch von Wörtern.

Das Wort Tau bezeichnet ein Seil und meint zugleich den Niederschlag, der morgens auf der Wiese liegt. In einem Schloss kann man wohnen, mit einem anderen verschließt man sein Tagebuch. Kinder verbringen gern Zeit damit, uns äquivoke

Begriffe zu finden. Thomas selbst nennt zur Erklärung ein Beispiel, das man heute allerdings nicht mehr gut verwenden kann. Als mittelalterlicher Denker nimmt er nämlich an, dass die warme Sonne auf ganz andere Weise warm ist, wie die Geschöpfe, die sie mit ihrer Wärme wärmt. Heute lernt man in der Schule, dass Wärme im Grunde immer und überall das gleiche ist und dass die Wärme in der Welt zwar von der Sonne her abgestrahlt wird, dass sie eigentlich aber gar nichts anderes ist. Thomas glaubte damals mit seinen Zeitgenossen, dass die Himmelskörper ganz anders sind als die Dinge auf der Erde. Deshalb nennt er die Wärme eines Kieselsteins und die Wärme der Sonne genau so äquivok wie wir die Schlösser und die Seile. Er sagt aber, dass die Vollkommenheiten, die der Schöpfer den Geschöpfen mitteilt, als streng äquivok zu bezeichnen sind: Sie sind in ihren Vollkommenheiten zwar Gott ähnlich, auf der anderen Seite aber müssen sie und können sie ihm nur äußerst unähnlich sein.

ScG I,29 Die Ähnlichkeit der Geschöpfe mit Gott

Der perfekte Gott und seine perfekte Welt

Es gibt in meinem religiösen Denken zwei Dinge, bei denen ich aus dem Staunen nicht heraus finde. Das eine ist die ewige Aufmerksamkeit Gottes, das andere ist seine schöpferische Nähe.

Dass Gott nie ruhen muss, dass er jedes allerkleinste Geschehen und jedes noch so große Ereignis mit der gleichen, immer wachen Aufmerksamkeit beobachtet und lenkt, wie er möchte; das wird mir immer ein Gegenstand hellen Erstaunens bleiben.

Dass er jedem Ding stets und ständig mit dieser Aufmerksamkeit so nahe ist, wie der Strom der brennenden Glühbirne; auch das versetzt mich immer in eine Mischung aus Staunen und Entzücken, so lange ich darüber nachsinne.

Heute kommt, wenn man so möchte, ein drittes hinzu: Nämlich, dass Gott, wie Thomas sagt, den Dingen ihre Vollkommenheiten mitteilt. Auch das ist ein Glaubenssatz, über den nachzudenken für das geistliche Leben der Mühe wert ist.

Der heilige Thomas wird nicht müde zu betonen, dass Gott in jeder Hinsicht vollkommen und perfekt sein muss. Er ist perfekt in allem, was er ist und vor allem auch in allem, was er tut. Bei Gott kann es nicht das geringste Defizit geben, in keiner Weise. Das setzt Thomas immer voraus. Er begründet das auch häufig und von vielen Seiten her.

Im Kapitel neunundzwanzig dagegen spricht er mit ziemlicher Gelassenheit den großen Satz aus, der bereits Erwähnung fand: Gott als der Schöpfer teilt den Dingen ihre Vollkommenheiten mit. Das bedeutet nichts Geringeres, als das jedes Ding, das überhaupt existiert, etwas Vollkommenes an sich hat, und dass diese Vollkommenheit ein perfektes Geschenk, eine direkte und immer neue Gabe ist.

Der Logik halber kann das auch gar nicht anders sein. Wenn der perfekte Gott etwas gibt, dann gibt er es perfekt und lässt es perfekt sein, denn die Perfektion ist, wenn man so möchte, sein absolutes Markenzeichen.

Von Seiten des Empfängers kann das schon mal etwas anders aussehen. Wenn das Gefäß ein Loch hat, dann ist die Weise, wie es seine Gabe aufnimmt, wohl weniger vollkommen. Deshalb betont der heilige Meister auch immer, dass jedes Geschöpf die Gnade immer nur nach dem Maß seiner eigenen Natur und Beschaffenheit aufnimmt. Von Seiten Gottes her aber sind die Dinge ungebrochen neu und gut.

Dieser Gedanke ist überall dort wichtig, wo der Welt von Seiten Gottes etwas zukommt. Sowohl bei der Gnade als solcher, als auch bei den Sakramenten und etwa beim Glauben. Man kann bei Thomas öfter die Behauptung finden, dass der Glaube nicht irren kann und dass der Glaube, den Gott schenkt, immer vollkommener Glaube ist. Das hat seinen Grund in der Behauptung, dass es bei Gott gar nicht anders zugehen kann, als vollkommen und perfekt. Verwässert wird der Wein immer erst dort, wo er eingegossen wird, und das ist in diesem Fall der Mensch.

Eine Sache aber gibt es, die immer perfekt gegeben wird und die auch beim Empfänger immer perfekt bleibt, weil nichts an ihr vergehen kann: Das ist das reine Sein der Dinge. Ein Apfel kann noch so faul sein, solange es ihn gibt, gibt es hin wirklich und dieses wirklich Gegebensein ist entweder unverletzbar da oder es ist gar nicht. Man muss sich wohl erst daran gewöhnen, so etwas wie ein reines Sein zu denken. Wenn einem aber das Sprachspiel des heiligen Thomas einmal aufgeht, dann kann man durchaus dahinter kommen, dass die Dinge sich eigentlich so verhalten müssen, sobald man sich auf gewisse Grundlagen geeinigt hat. Hier, in der scholastischen Schule des Aquinaten ist das Sein jedenfalls eine perfekte Gabe des in allem perfekten Schöpfers, und genau in diesem Sinn haben alle Dinge, die existieren, etwas Perfektes an sich und sind genau darin ihrem Schöpfer ähnlich.

ScG I,30 Über die Namen, mit denen man Gott bezeichnen kann.

Mein Köhlerglaube

Wie gesagt, ist das Thomaslesen insgesamt und besonders wohl die langen, tief verästelten Abhandlungen zur Frage nach Gott, für viele eher Zeitverschwendung. In der Vorbereitung auf mein heutiges Schreiben ließ mich die Frage aber nicht ganz los, für wen denn eigentlich?

Thomas macht am Anfang der Summe, wie wir gesehen haben, eine Einteilung der Leute und ihrer Gründe, die sich nicht mit den heiligen Wissenschaften beschäftigen. Er nennt die, die sich zu sehr mit dem Alltag herumschlagen müssen. Er nennt die weniger Begabten, die, die keine Lust haben und die Jugend, die naturgemäß mit ganz anderen Dingen befasst ist.

Was die Leute angeht, die auf der einen Seite sagen, dass sie einen Glauben haben und auf der anderen Seite nicht gern länger über ihn nachdenken, kann man wohl sagen: Entweder sie glauben anderen ihren Glauben, oder sie komponieren sich ihren relativ schnell aus Fetzen zusammen, die sie irgendwo her nehmen. Der Mensch hat wohl entweder eine Philosophie für sein Leben oder er hat eine Meinung, die aus vielen Fetzen vieler Philosophien zusammengesteckt wurde. Aber irgendetwas in der Art wird es sein.

Beim zweiten Nachdenken kommt mir eine dritte Möglichkeit in den Sinn, und das ist der Köhlerglaube, zu dem ich mich bekenne. Ein Theologe fragte einst in Prag einen Köhler, was er glaube. Der antwortete schlicht: „Ich glaube, was die Kirche glaubt.“ Auf die Anschlussfrage, was denn die Kirche glaubt, sagte der Gute: „Die Kirche glaubt, was ich glaube.“

Ich muss sagen, ich glaube meinen Glauben eigentlich schon immer in dieser Weise und genau so lange, wie ich ihn überhaupt habe. Ich weiß aber, wie ratsam es war, das zu Studienzeiten nicht zu vielen Mitstudenten zu erzählen; die hätten mich dann nämlich am liebsten in irgendwelche Umerziehungslager zum Erwachsenwerden verbracht. Vermutlich hätte man dort aber viel Mühe auf mich verwenden müssen. Ich hegte nämlich schon damals den Verdacht, dass meine Kameraden in aller Regel genau so glaubten, wie ich, nur dass sie an Stelle meiner Kirche irgendwelche anderen philosophischen Schulen, Gruppen oder irgendwelche Helden hätten stellen können. Wer macht sich schon die Mühe, sich seinen ganzen Glauben oder die Philosophie seines Lebens selbst auszudenken? Er müsste ja damit beginnen, sein eigenes, erstes Rad zu erfinden.

Wenn ich den Thomas nun nicht aus Lust und Laune lesen würde, was ich tue, dann könnte ich sagen: Ich lese Thomas nicht, um meinen Glauben zu finden, sondern eher, weil die Kirche empfiehlt, ihn zu lesen. Wenn mich also jetzt interessiert, wie man über Gott sprechen kann, dann weniger, um meinen Glauben zusammenzustecken, sondern, weil die Kirche sagt, dass Thomas in dieser Frage am ehesten ihren Glauben ins Wort bringt. Das ist Köhlerglaube, und ich finde es sehr entspannt, so zu glauben.

Was das Reden über Gott angeht, macht Thomas sich daran, unser Sprechen überhaupt genauer zu beobachten. Er stellt fest, dass unsere einfachen Wörter, die einfache Dinge bezeichnen, Vollkommenheiten ausdrücken. Wenn man zum Beispiel Tisch sagt, dann meint man erst einmal einen Tisch an sich, und wenn man sich einen solchen vorstellt, dann ist das irgendwie einer ohne Makel. Sagt jemand „dieser Tisch dort“, dann meint er gleich einen, der viel weniger vollkommen ist, weil er vielleicht Kratzer hat oder sonst irgendeinen Fehler. Alle konkreten Dinge haben übrigens irgendwelche Mängel, und es gibt keine ohne. Das reine Wort Tisch meint so etwas wie einen reinen, irgendwie vollkommenen Tisch.

Thomas sagt nun, man könne manche, solcher Wörter wohl von Gott aussagen. Nicht Tisch natürlich, wer nennt Gott schon einen Tisch. Aber Vater zum Beispiel. Alle Christen nennen Gott ihren Vater. Thomas sagt aber, derartige Wörter, mit denen man Vollkommenheiten benennt, die sonst irgendwelche Dinge auf der Erde meinten, mit denen könne man Gott nur vergleichenderweise bezeichnen. Wir können Gott unseren Vater nennen, weil er uns in Christus gesagt hat, dass er einer ist. Damit haben wir allerdings nur die Möglichkeit bekommen, unser Verhältnis zu Gott und seins zu uns in aller Ruhe mit einer vollkommenen Vaterschaft zu vergleichen. Ansonsten ist er uns und allen Vätern viel zu unähnlich, wie bereits hinreichend gesagt. Hier unterschreibt der Köhler übrigens wieder.

ScG I, 31 Über die Namen, die man Gott geben kann

Wie kann man überhaupt von Gott reden?

Über manche Sachen schreibe oder spreche ich nicht so gern, oder besser, eher mit einem gewissen Zögern, und das hat Gründe. Bei Themen zum Beispiel, bei denen die Menschen mit starken Gefühlen an ihren Positionen festhalten, zögere ich oder beobachte lieber.

Doderer hat gemeint, emotional würden Gespräche immer, wenn die Argumente ausgehen. Da ist viel dran. Es kann eben aber auch sein, dass es hier und da die Gefühle sind, die einem seine Meinung erst geben. Man möchte doch so gern dieser Neigung oder dieser Vorliebe nachgeben und deshalb sucht man sich die Argumente zusammen. Jeder Raucher redet sich irgendwann das Rauchen schön, weil er rauchen will, und wer sich einen Kuhschwanz an den Hut steckt, wird auch dafür seine Gründe finden.

Es sind aber besonders die Themen, die den Glauben und das moralische Verhalten angehen, in denen es schnell emotional wird: Glaube und Atheismus, die Fragen nach der geschlechtlichen Einstellung, nach Ehe und Zölibat, Gleichberechtigung und solche Dinge.

In Sachen, die das Gefühlsbetonte angehen, kann man den Aquinaten nicht gerade als führend bezeichnen. Er schreibt eigentlich nie aus Gefühlen heraus, wie die Dichter es tun, und wenn er über etwas schreibt, was seine Gefühlswelt eigentlich berühren müsste, bleibt er immer bei seinem eher trockenem Stil eines Gelehrten. Vielleicht wird mir deshalb nicht leid, ihn zu lesen und zu besprechen.

Es gibt allerdings auch hier ein paar Themen, bei denen ich eher zögere und mehr oder weniger erfolgreich versuche herum zu segeln. Das sind solche, bei denen ich nicht ganz sicher bin, alles einigermaßen verstanden zu haben. Und es sind solche Themen, bei denen ich glaube, verstehen zu können, aber nicht weiß, wie ich das Verstandene in meine Sprache bringen kann.

Ein solches Thema ist das von den Namen Gottes und wie man überhaupt von Gott sprechen kann. Thomas marschiert natürlich wieder so zügig wie immer und mit der Trittsicherheit eines Steinbocks durch die Landschaft.

Er beginnt mit der Frage, was man überhaupt von Gott sagen oder nicht sagen kann und was man nur von ihm und was man von ihm und den Geschöpfen zugleich zum Ausdruck bringen kann. Das ist schon einigermaßen kompliziert, aber er geht gleich weiter und sagt mit einem Satz etwas, was wir wahrscheinlich mit mehreren erläutern müssen. Gut sein ist eine Vollkommenheit, in der Sprache des Thomas eine Perfektion. Wenn einer sagt, etwas sei nur einigermaßen gut, dann macht er Abstriche. Das Gute ist nicht ganz, sondern nur etwas oder fast ganz gut. Halbgutsein ist ein Wort, das eine Perfektion mit Abstrichen ausdrückt, Dreiviertelgutsein auch. Wenn man aber ein gut sein ohne jeden Abstrich, also als Vollkommenheit ausdrücken will, dann braucht man nur Gutsein sagen. Wörter wie Gutsein, Weisheit, oder, Sein überhaupt bezeichnen Perfektionen ohne Abstrich.

Weil nun, wie Thomas sagt, in Gott alle Perfektionen der Welt in überragenden Maßen zu finden sind, kann man solche Worte wie Sein, Weisheit und Gutsein sowohl von den Dingen, die sie auf der Erde meinen, als auch von Gott aussagen. Das ist die erste These.

Vielleicht aber noch ein kurzes Wort zu meinem Unterfangen überhaupt. Mir kommt gerade ein alter, lieber Pater in den Sinn, der sich immer viele Sorgen um die Menschen und die Kirche gemacht hat. Der hätte wahrscheinlich schon nach meinem ersten Kapitel gesagt, ich solle doch lieber von anderen, viel wichtigeren Dingen schreiben. Jetzt, wo es sogar nur darum geht, wie man von Gott sprechen kann, hätte er wahrscheinlich schon lange das Weite gesucht. Er hat natürlich Recht, ein Kapitel über die Rede von Gott trägt zu den aktuellen Diskussionen und drängenden Debatten nichts bei, und für die Streiter an den Fronten dürften unsere Kapitel hier eher als Zeitverschwendung gelten. Und wer beim Schreiben auch Leserzahlen und Geldverdienen im Kopf hat, dem sollte man raten, lieber andere Themen, wie oben genannte zu beackern.

Ich halte es aber für gut und habe meine Freude daran, dass es in Thomas mal einen gegeben hat, der das Tiefste und Reifste auch zu denjenigen Fragen zu Papier gebracht hat, die offensichtlich kaum jemanden interessieren. Deshalb ist es mir auch eine Freude, genau das so gut es geht für vielleicht ganz wenige nur zu übersetzen.

ScG I,31 *"Die Vollkommenheit Gottes und die seine vielen Namen widersprechen seiner Einfachheit nicht."*

Das Falsche an der Ringparabel

Wenn es eine Geschichte gibt, mit der ich meine Schwierigkeiten habe, wenn sie auf die Religionen angewendet wird, dann ist es die Ringparabel. Es gibt sie in verschiedenen Ausformungen und Geschichten, die berühmteste ist wohl von Lessing. Ein Mann hat einen kostbaren Ring, den seine Söhne gern erben würden. Damit sie sich nicht streiten, gibt er jedem Sohn eine geniale Kopie und alle können glauben, sie haben das wunderbare Original. Der Clou ist dabei: Solange nicht ermittelt werden kann, wer das Original hat, kann es keinen Streit geben.

Ein evangelischer Pfarrer warf die Parabel eines Tages in eine öffentliche Diskussion, in der es um die verschiedenen Konfessionen ging, also um die Frage, wie man Gott am besten dient und wie man zusammenlebt. Er vertrat die Meinung, die evangelische und die katholische Weise Gott zu verehren und kirchlich zu sein, müsse man wie in der Geschichte mit den Ringen sehen. Man könne sich eigentlich nicht streiten, weil Gott doch immer der große Unbekannte bleiben würde. Wohl um den Katholiken entgegen zu kommen, rief er den heiligen Thomas in den Zeugenstand. Der hatte ja immer betont, dass man Gott auf Erden nicht durchschauen und kennen könne.

Eigentlich hatte ich mir vorgenommen, mich nicht aktiv an dem Gespräch zu beteiligen. Ich gebe aber zu, dass mir die Schließe meines inneren Kragens dann doch platzte. Ich erhob mich also, um dem geistlichen Herrn seine Argumente zu eliminieren. Als ich so da stand wurde es allerdings plötzlich sehr ruhig um mich, weil alle warteten, was jetzt kommen würde. Dem großen Unbekannten sei Dank, diese Ruhe war nämlich der Anlass dafür, dass es auch in mir etwas ruhiger wurde, und so beschränkte ich mich darauf zu sagen, dass der Kernsatz der Parabel nicht stimmt. Er lautet: Der wahre Ring vermutlich ging verloren. Nach meiner katholischen Überzeugung tat er nämlich genau das nicht.

Ich liebe den Frieden zwischen den Religionen und Konfessionen. Nichts genieße ich mehr und mit größerer Freude, als das friedliche Beisammensein mit den Juden, Christen und Muslimen. Deshalb ist mir der Libanon im Nahen Osten eigentlich immer das sympathischste Land gewesen. Ich liebe auch das friedliche Zusammensein der christlichen Konfessionen, und dieser tolerante Frieden sollte hohe Preise wert sein und in jeder Weise gefördert werden.

Wenn dieser Friede allerdings auf der Ringparabel baut, dann ist er faul und wird nicht halten. Ich habe mich immer geweigert zu sagen, dass der wahre Ring verloren ging. Das würde bedeuten: Leb Du katholisch, ich lebe evangelisch, weil wir beide nicht wissen, was richtig ist. Kein Jude, kein Christ und kein Muslim wird sagen, er verehre Gott auf seine Weise und wisse nicht, ob der das auch so will.

Religiöse oder weltanschauliche Toleranz heißt, dass man in unbedingtem Friedenswillen aushält, wenn ein Mensch, den man lieb hat, eine religiöse Meinung hat, die man für wirklich falsch hält. Toleranz heißt nämlich dem Wort nach etwas aushalten oder ertragen.

Natürlich ist Gott der große Unbekannte und wird es bleiben. Wir können Gott nicht wissen. Das betont Thomas wirklich dauernd. Aber Gott nicht wissen, heißt nicht, nicht zu wissen, was er will. Gott wird uns nicht konkret. Das heißt, wir können ihn nicht greifen. Die Gebote aber aus seiner Hand, die sind das Konkreteste, was es gibt. Ich kann in keiner Weise sagen, was Gott will. Ich kann aber sehr entschieden sagen, dass Gott will, dass die Menschen über den Weg der sieben Sakramente zu ihrem Glück und zur Heilung gelangen.

Thomas spricht im einunddreißigsten Kapitel davon, dass wir viele Namen brauchen, um den einen und einzigen Gott zu benennen. Sein Wesen muss einfach sein und seine Vollkommenheit ist nur eine einzige. Das alles kann der Meister meisterlich ausführen und so gut es überhaupt geht darlegen. Deshalb kann es im Grunde auch nur eine Art Kraft sein, wenn man so will, in der er alles zugleich wirkt, was er wirkt. Seine Wirkungen aber sind viele, und was er tut ist tausendfach, und deshalb wird er von seinen unzähligen Wirkungen her mit vielen Begriffen benannt, die allesamt Vollkommenheiten zum Ausdruck bringen. Die vielen Namen aber widersprechen in keiner Weiser seiner absoluten Einfachheit.

Gott ist, wie gesagt, nicht konkret. Aber er wirkt konkrete Sachen und wünscht konkrete Dinge. Er ist und bleibt der große Unbekannte. Dennoch hat er uns bekannt gemacht, auf welchem Weg wir zu ihm finden. Seine unbekannte Seite so auszulegen, dass unbekannt bleibt, was er wünscht, halte ich für falsch und nicht für ein geeignetes Mittel für Frieden zu sorgen.

Scg I,32: "Von Gott und den anderen Dingen kann man nichts univok aussagen."

Der heilige Thomas und das private Kopfkino

Wenn einer sagt, zwei und zwei macht vier und ein anderer darauf besteht, dass fünf herauskommt, dann können beide nicht zusammen rechnen. Sie werden wahrscheinlich nicht einmal vernünftig miteinander reden können. Das hatten wir schon gesehen. Es gibt aber noch einen zweiten Grund, der jedes Reden unmöglich machen würde. Nämlich den, dass einer oder beide nicht der Überzeugung sind, ihre Sprache würde die wirkliche Welt beschreiben.

Meine Erinnerung kennt so einen Fall. Ich sagte einem jungen Kerl, das da habe doch wohl diese oder jene Farbe, sagen wir grün. Mein Gesprächspartner erwiderte: „Das ist nur das Bild in deinem Gehirn, was grün ist. Welche Farbe es in Wirklichkeit hat, das kannst du doch gar nicht sagen." Ich habe das Gespräch dann gleich etwas unfreundlich beendet und gesagt, wer so spreche, der habe offenbar zu viel vom Philosophen Kant und seinen Freunden gelesen. Wenn einer so kommt, dann kann man wirklich über nichts mehr sprechen, nur noch über das Kino in seinem Kopf, nicht aber mehr über die Welt um uns. Was soll man machen, wenn man nur noch sagen kann: „In meinem Kopf sieht der Schrank da weiß aus. Wie empfindest du ihn?"

Was mein Gesprächspartner verkündete, das war, das jeder Schädel eine Art Isolationsstation der eigenen Empfindung in der Welt sei. Er meinte, damals allen Ernstes, die Augen seien eine Art Kamera, die Bilder im Gehirn projiziere. Die Augen selbst aber könnten nicht bestimmen, welche Linsen ihnen vorgeschraubt seien. Jeder habe seine eigene Linse und deshalb habe auch jeder seine ganz eigenen Bilder im Kopf, und die seien das einzige, wovon man erzählen könne. Die Bilder im Hirn würden überhaupt nicht verlässlich von der wirklichen Wirklichkeit erzählen. Die Kameras seien vielleicht ganz verschieden.

Unser Philosophielehrer sagte, der Schriftsteller Kleist habe ich das Leben genommen, weil er den Philosophen Kant und seine Schüler gelesen habe. Wenn das wahr sei, dann könne man auch allem ein Ende setzen, dann gebe es überhaupt keine Wahrheit mehr. Der Professor las dann auch einen der Briefe Kleists vor, der seinen Selbstmord erklären sollte. Ob das so stimmt, weiß ich nicht. Es stimmt aber, wenn mein skeptischer Gesprächspartner Recht hat, dann kann jeder einpacken, der eine Liebe zur Wahrheit hat.

Beim heiligen Thomas kommt das alles wieder gar nicht in Frage. Die Bilder im

Kopf sind Bilder der wirklichen Wirklichkeit und fertig. Sie sind sogar ohne jeden Irrtum, weil der aufnehmende Verstand wie ein schneller Scanner die Welt abgreift und direkt überträgt. Thomas setzt in seinen Schriften einen Menschen voraus, bei dem dieser Mechanismus einfach und immer funktioniert. Wie soll er anders reden? Die Sprache, der sich der Mensch bedient, ist in diesem Spiel dann auch ein Instrument des Menschen, die wirkliche Wirklichkeit um ihn zu beschreiben. Das war bereits bei Aristoteles so, und Thomas übernimmt das dankbaren Herzens. Mein Lehrer zitierte in diesem Zusammenhang immer: „Was watschelt wie eine Ente, was quakt wie eine Ente und daherkommt wie eine, das ist auch eine Ente", und er sagte das im Ton eines Chefs, der meint, wem das nicht gefallen will, der könne ja gehen.
Wenn wir den heiligen Thomas verstehen wollen, dann am besten auch mit, dass die Erkenntnis des Menschen sich in diesem Dreieck abspielt: Aufnehmen, abbilden und beschreiben. Dass dabei Irrtümer entstehen können, dürfte klar sein. Die entstehen aber erst dort, wo das Bild im Kopf angenommen und verarbeitet wird, nicht beim Scannen. Wo nun der Heilige beginnt darüber nachzudenken, wie man von Gott sprechen kann, eröffnet sich natürlich die Kluft, mit der man zu rechnen hat: Niemand kann sich von Gott ein Bild machen, da gibt es nichts zu scannen, weil Gott alle Grenzen überschreitet und in keiner Weise greifbar ist. Wie soll man also so über ihn sprechen, dass man ihn auch wirklich meint und irgendwie trifft?
Thomas sagt, ein univokes Sprechen sei von vorn herein ausgeschlossen. Das erklärt sich auch von selbst sozusagen, sobald man im Kopf hat, was univokes Sprechen meint. Wenn jemand von einem Apfel sagt, er sei ein Stück Obst und das Gleiche einer Banane zugesteht, dann spricht er univok. Das eine Wort meint etwas, was in jeder Hinsicht, die Obst meint, gleich ist. Beides ist pflanzlich gewachsen, beides muss reifen, beides gehört der selben Pflanzenfamilie an, und so weiter.
Wenn einer von einer braun gefleckten Kuh sagt, es sei eine Kuh und das gleiche von einer schwarzen, dann hat er Recht und spricht univok. Beides sind Tiere der gleichen Klasse und die unterschiedliche Farbe tut da nichts zur Sache. Man kann von unzähligen Sachen in der Welt univoke Dinge sagen, aber kein einziges von Gott, weil Gott in keiner Weise von dieser Welt ist und weil sich nichts wirklich Gleiches zwischen ihm und seinen Geschöpfen findet. Sogar das Sein als solches ist ganz anders. Thomas erklärt das in seinem Kapitel auf höchst beeindruckende, aber ziemlich komplizierte Weise. Wer einmal sehen will, wie gut er denken konnte, der kann ja mal hier, oder besser noch im berühmten 13. Kapitel des ersten Buches der theologischen Summe nachschlagen.

ScG I, 33 "Nicht alle Namen von Gott und den anderen Dingen werden äquivok ausgesagt."

Gott Namen geben ist nicht einfach

Das Kapitel über die Namen Gottes habe ich immer als besonders schwierig empfunden. Man muss verstehen, was univokes Sprechen ist, man muss lernen, was äquivok heißt und man muss begreifen, dass es eine dritte Weise gibt, von der noch gesprochen wird.

Wer über die Namen Gottes bei Thomas etwas sagen will, der kommt nicht umhin, von diesen Dingen zu reden und muss sie erklären. Besonders, wenn man sich vornimmt, die gleiche Sprache zu sprechen, wie im Alltag auf der Straße, wird es schwierig. Wer hat sich da schon darüber informiert, ob die Namen Gottes rein äquivok verstanden werden können? Genau davon muss die Rede sein. Man kann das Thema nämlich nicht umgehen, will man überhaupt auf die Dauer etwas Sinnvolles über Gott und uns sagen.

Eigentlich ist es mit den Namen so, dass sie das bezeichnen, was man meint. Das Nashorn heißt Nashorn, weil es ein Horn auf der Nase hat. Der Ameisenbär heißt so, weil er wie ein Bär daherkommt und sich über Ameisen her macht. Genau hier beginnt die große Schwierigkeit. Niemand hat Gott je gesehen, also kann ihn auch niemand beschreiben. Dennoch wissen wir eine Menge über ihn, weil er uns viel über sich hat wissen lassen.

Eins steht fest: Univokes sprechen über Gott kommt nicht in Frage. Univokes sprechen bedeutet ja, dass man mit einem Wort wirklich Gleiches ausdrückt. Wer zu einer alten Kuh und zu einer jungen sagt, sie seien Kühe, dann gebraucht er das Wort univok. Beides sind nämlich Kühe. Der univoke Begriff meint zwei gleiche Dinge mit einem Wort. Ein Tisch ist ein Möbel und ein Schrank ist es ebenso. Auch hier wird ein Wort für zwei Dinge gebraucht, die in einer Hinsicht gleich sind. Bei Gott kommt diese Art sprechen nicht in Frage, weil nichts auf der Welt etwas mit ihm gemein hat.

Im heutigen Kapitel nimmt sich Thomas das äquivoke Sprechen vor. Äquivok sprechen bedeutet mit ein- und dem selben Wort zwei ganz unterschiedliche Dinge aussagen. Ein Narr wird Tor genannt und eine große Tür heißt auch Tor. Beides sind völlig unterschiedliche Dinge, die Bezeichnung ist aber nur eine.

Thomas merkt an, dass man von Gott nicht in derartig äquivoker Weise sprechen kann, weil man dann ja gar nichts über ihn sagt.

Wenn jemand ein Tor beschreibt, durch das man hindurch gehen kann, dann bespricht er überhaupt nicht den Toren, über den man lacht, weil er töricht ist. Spricht jemand über den Tau, der morgens auf der Wiese liegt, dann sagt er überhaupt nichts über das Tau, mit dem die Seeleute ihre Schiffe an der Kaimauer festmachen.

Die rein äquivoke Sprechweise würde nichts über Gott erzählen. Die wäre nur dann richtig, wenn die Geschöpfe der Welt nichts mit ihm gemeinsam hätten. Jetzt könnte einer zu Recht anmerken, dass Gott derart von uns verschieden ist, dass wir uns nicht einmal eine Grenze mit ihm teilen, obwohl er direkt und wirklich bei uns und in uns ist. Gott ist uns ganz nahe, er ist aber derart von uns verschieden, dass wir nicht sagen können, Gott sei wie wir. Deshalb sei der Weg, den wir schon betrachtet haben, der einzig wahre, nämlich nur solche Sachen aufzuzählen, die sagen, was Gott nicht ist. Wenn wir sagen, Gott lebt, dann heißt das nur, dass er nicht tot ist.

Thomas sagt dazu, das wäre nur dann richtig, wenn wir mit Gott nichts gemein hätten. Das haben wir aber, und wir haben es erwähnt, als von den Vollkommenheiten die Rede war. Gott ist nicht wie wir, sagt Thomas. Es ist aber etwas in und an uns, das ein bisschen ist wie er. Deshalb braucht es, weil univok nicht in Frage kommt und rein äquivok ausscheidet, neben dem negativen Sprechen noch eine andere Weise, und die führt Thomas im nächsten Kapitel ein, wo er sagt, es gebe noch eine weitere Möglichkeit, und die sei das analoge Sprechen. Also ein kurzes Wort dazu im folgenden Kapitel.

Scg I,34: "Was von Gott und den Kreaturen ausgesagt wird, das wird analog ausgesagt."

Wie unsere Gottesnamen den unbekannten Gott wirklich bezeichnen können

Ich bekenne, kein Freund von Weihnachten zu sein. Das christliche Festgeheimnis, dass Jesus geboren wurde, und das Gott in ihm die Erde betrat, finde ich wohl zum Verlieben schön, ebenso das von Pfingsten oder Ostern. Den Trubel aber, der um Weihnachten veranstaltet wird, der gefällt mir gleich aus mehreren Gründen nicht, die hier aufzuzählen nicht nötig ist. Was mir an der Betonung von Weihnachten zudem nicht gefällt ist die Tatsache, dass man es so betont. Wenn man die Menschwerdung feiern möchte, dann ist Weihnachten gar nicht der richtige Zeitpunkt. Mensch geworden ist Christus bereits an dem Tag, an dem der Engel der Maria erschien und wohl kurz, nachdem sie ihr großes Ja zum Plan Gottes gesprochen hat. Die Empfängnis Christi unter dem Herzen Mariens, die ist der eigentliche Anlass zum Feiern. Wir verteidigen das menschliche Leben ja auch nicht erst ab der Geburt, sondern gerade das hochgefährdete des Embyos in der Schwangerschaft. Im März wäre also eigentlich der passende Weihnachtstermin, wenn man so möchte. Aber der praktische Geist der praktischen Neuzeit fängt erst da an zu feiern, wo ihm was zum Begreifen vor den Augen liegt. Gut thomistisch würde man sagen, dass man doch eigentlich erst einmal das wesentlich stillere Festgeheimnis zu diskutieren und zu betrachten hat.

In ähnlicher Weise gefällt mir, dass der heilige Thomas sich viel Zeit nimmt, die Sache mit Gott erst einmal ganz allgemein zu diskutieren. Auch hier sind wir im praktischen Sinn der Neuzeit geneigt, mit unseren Überlegungen erst da einzusetzen, wo Gott was gemacht hat, wo er für unser Leben wichtig ist und wo sich irgendetwas dreht. Gott erst einmal so und als solchen zu besprechen, sind wir nicht gewohnt, was für die Kirche sehr bedauerlich ist. Es gibt keine Predigtreihen und keine Gesprächsfortsetzungen irgendwo, in denen die ganz allgemeine Gotteslehre abgehandelt wird. Dass es das gar nicht gibt, könnte eine Serie über das Gottesbild des Aquinaten vielleicht doppelt wertvoll machen.

Wenn man so möchte, ist das Kapitel über die Rede von Gott an der Schwelle vom rein Theoretischen zum Praktischen. Dass Gott ist, wurde nahegelegt, eine erste Einführung zur Frage, wie er denn sein könnte, gab es auch bereits. Die Frage nach dem Sprechen über ihn berührt erstmals das Thema „Gott und wir", wenn man so will. Die Frage: Wie können wir über ihn reden, und welche Namen kann man ihm geben?, bringt uns von der praktischen Seite ins Thema.

Univokes Reden, also gleiches Wort für gleiche Sachen fällt aus. Die Gottheit hat nichts mit der Schöpfung gemein. Äquivoke Begriffe sind für die Gottesbezeichnung möglich, wenn gewisse Vollkommenheiten zum Ausdruck gebracht werden. Negatives Sprechen, also aufzählen, was Gott alles nicht ist, bleibt ein Favorit. Es bezeichnet die Gottheit aber nicht wirklich. Als letztes führt Thomas noch eine Redeweise ein, die er zwar nicht erfunden hat, die er aber, wenn ich richtig sehe, als erstes in der Gottesfrage zur Anwendung brachte.

Analoges Reden bedeutet, dass man sich mit einem Wort oder Begriff einer Sache nähert, die, wenn man so will, sowohl Gleiches als auch Ungleiches an sich hat. Thomas bemüht sein Lieblingsgheichnis, das Aristoteles bereits vorgezogen hatte: Medizin wird gesund genannt, eine Hautfarbe wird gesund genannt, und ein Körper heißt gesund, wenn er intakt ist. Die Medizin selbst und für sich genommen muss gar nicht besonders gesund sein. Die kann wohl aus irgendwelchen Giften gebraut werden. Eine Hautfarbe für sich genommen ist auch nichts gesundes. Wie soll eine Farbe gesund sein? Beide Dinge werden aber gesund genannt, und das im Hinblick auf die Gesundheit des Körpers. Die Medizin als gesund machend und die Gesichtsfarbe als ein Zeichen von Gesundheit. Wenn man nun das Wort gesund der Farbe und des Heilmittels analog nennt, dann deshalb, weil sie irgendwie auf das dritte, auf die Gesundheit des Körpers hinzielen.

Thomas braucht sein Beispiel eigentlich nur zur Erklärung der Analogie, und er sagt gleich dazu, dass eine solche in der Gottesfrage eigentlich nicht in Frage kommen könnte. Die habe nämlich den Fehler, dass zwei Dinge auf ein drittes zeigen und dass die zwei Dinge dem dritten irgendwie voraus sein könnten. Er lässt sich dann noch ein besser passendes Beispiel aus der Seinslehre für eine klassische Zweieranalogie einfallen. Die brauchen wir hier eigentlich aber nicht erläutern. Es sollte klar werden, dass ein guter Teil unserer Gottesnamen wohl imstande ist, den großen Unbekannten wirklich zu bezeichnen. Diese Gottesnamen bezeichnen etwas, was die Geschöpfe wirklich mit Gott gemein haben, ohne ihm wirklich gleich zu sein.

Exkurs über das Glauben, Teil 1

Ist Atheismus Sünde?

Wenn wir über das Glauben reden wollen, dann sollten wir uns einigen welches wir meinen. Wenn ich sage: „Ich glaube, dass der VfL Bochum das nächste Spiel gewinnt", dann ist das in meinem Fall der fromme Wunsch eines Fans, insgesamt aber eine wage Angelegenheit. Er kann ebenso gut verlieren. Vor allem aber glaube ich hier nur an eine Sache und nicht einem anderen Menschen etwas.

Wenn einer aber sagt: „Ich glaube an Dich!", oder „Ich glaube Dir!", dann ist das etwas ganz anderes. Das ist ein Glauben, das immer mindestens zwei Personen braucht und es ist ein Glauben, das nur Menschen können. Diese, möchte sagen, höhere Form des Glaubens ist gemeint, wenn wir christlich vom Glauben sprechen.

In der Auseinandersetzung mit dem Atheismus geraten die Dinge schon mal durcheinander. Viele Leute meinen, Glauben sei eigentlich nichts anderes als nur eine Behauptung für richtig oder falsch zu halten, nämlich die, dass es Gott gibt.

Wenn ein Ungläubiger sagt, es gebe keinen Gott, dann spricht er erst einmal nur aus, dass er die Existenz Gottes nicht annimmt. Wenn ein Christ aber sagt, er glaube, dass es Gott gibt, dann meint er – hoffentlich – nicht nur die reine Existenz Gottes, sondern gleich auch mit, dass man ihm, Gott, glauben kann und seinen Glauben schenkt.

Wir werden bald noch darauf kommen. Vorweg kann ich aber schon sagen, dass ein wirklich Ungläubiger im christlich katholischen Sinn eigentlich nicht jemand ist, der nicht an Gott glaubt. Ein Ungläubiger ist vielmehr jemand, der das, was Gott spricht, nicht in der Weise eines wirklichen Glaubens annimmt.

Bei den Menschen ist das ähnlich. Im Vollsinn ungläubig ist man nicht, wenn man nicht glaubt, dass ein anderer etwas Bestimmtes gesagt hat. Wirklich ungläubig ist man, wenn man das, was er sagte, nicht in der Weise des Glaubens annimmt.

Unglaube unter Menschen ist eigentlich weniger, irgendetwas für nicht existent zu halten. Unglaube bedeutet eine Weigerung, jemandem Vertrauen zu schenken oder gar die Weigerung, ihn ernst zu nehmen.

Wenn die klassische Theologie vom Unglauben spricht und sagt, er sei eine Sünde, dann meint das eigentlich weniger, dass jemand nicht an Gott glaubt. Es meint vielmehr, dass jemand sich weigert, dem als bekannt vorausgesetzten Gott Glauben zu schenken. Die Annahme, dass es keinen Gott gibt, kann man in diesem Sinn eigentlich gar nicht als eine wirkliche Sünde ansehen. Denn eine solche setzt ja etwas

voraus, das man ein besseres Wissen nennt. Wenn ein Kind auf einen Baum klettert und in seiner Krone spielt, dann kann man ihm nicht vorwerfen, wenn es nicht wusste, dass es sich um den Baum für einen besonderen, heiligen Kult handelt.
Ein Rausschmeißer versündigt sich nicht, wenn er aus Versehen den Besitzer des Lokals zurückweist, in der Meinung, er sei ein normaler Besucher mit der falschen Kleidung. Er hat nur seine Pflicht getan, und um sündigen zu können, hätte er wissen müssen, wie die Dinge sich verhalten.
Glauben im katholischen Sinn meint also eher, dass jemand einem anderen Glauben schenkt, ein Glauben also, dass zwei Personen braucht, um überhaupt sein zu können. Nicht wissen oder nicht annehmen, dass es Gott gibt, kann also erst einmal nicht als die Sünde des Unglaubens angenommen werden.

Exkurs über das Glauben, Teil 2

Was meint Glauben eigentlich?

Es gibt diesen Witz, nachdem eine Frau zehn Freunde ihres Mannes anruft, um zu erfahren, ob der nicht gelogen, und wirklich, wie er beteuert, die Nacht bei seinem besten Freund verbracht hat. Sechs von den Zehn bestätigen seine Übernachtung, vier von ihnen sagen sogar, dass er noch da ist.

Mindestens neun der Angerufenen haben für ihren Kumpel gelogen, und die Dame hatte kaum einen Grund, auch nur einem von ihnen Glauben zu schenken. Das geht in Ordnung. Aber dass sie glaubte, überhaupt anrufen zu müssen, ist ein wohl untrügliches Zeichen dafür, dass in ihrer Beziehung irgendetwas nicht mehr stimmt. Wenn Aristoteles Recht hat, dann ist die Freundschaft die schönste Form der Liebe, und zwei Menschen, die sich in Freiheit als Paar definieren, sollten Freunde sein oder werden, und Freunde belügen einander nicht.

Der heilige Thomas muss den Gedanken mit der Freundschaft ebenso geliebt haben, wie er den Aristoteles hoch schätzte. Wo immer er nämlich von Gottes Liebe zu den Menschen spricht, taucht irgendwo im Umfeld das Wort der Freundschaft und ein Zitat des Philosophen auf. In der Summe der Theologie hat er zudem ein eigenes Kapitel, in dem er sich die Frage vorlegt, ob die Gottesliebe Freundschaft genannt werden könne. Er antwortet mit einem klaren Ja und verteidigt seine lieb gewordene Aussage mit den besten Argumenten, die er finden kann. Auch wenn der Abstand zwischen Schöpfer und Geschöpf unendlich genannt werden muss, ist die Gottesliebe Freundschaft, weil der Freund seinem Freund naturgemäß Gutes wünscht und tun will. Gott habe den Menschen in die Gefährtenschaft seines Sohnes erhoben. Eine solche Art der Mitteilung würde begründen, dass die Gottesliebe zu uns Freundschaft sei.

Es gehört nun zu den Fragen, die mich wirklich interessieren würden, ob der Sohn Gottes irgendwann mal geflunkert und flunkernderweise Scherze mitgemacht hat. Ich würde ein Ja annehmen, weil ganz Mensch sein bedeutet, dass man scherzen und lachen kann. Aber dass er je gelogen hat, das verbot sein Gottsein ganz sicher rigoros. Im Alten Testament steht längst, dass der Mensch bei der Wahrheit bleiben und nicht lügen soll. Christlich gesprochen aber bekommt das Gebot dadurch, dass Christus die Seinen Freunde nennt und dadurch, dass wir grundsätzlich wie er sein mögen, eine neue Qualität: Das Verhältnis der Menschen untereinander wäre wünschenswerterweise das von Freunden. Der heilige Josefmaria hat seinen Leuten vom Opus Dei beigebracht, dass die gesamte Mission nur auf dem Boden wirklicher und aufrichtiger Freundschaftlichkeit Früchte tragen kann. Ein zutiefst christlicher Ansatz, würde ich sagen. Und in dem Sinn, dass der heilige Thomas immer sagte, die Gnade Gottes baue auf der Natur auf, um diese zu erheben, kann man wohl sagen, dass Gott sich die Basis der Freundschaft auch für die Natur des Menschen insgesamt vorgestellt hat.

Im Vorbild Christi sollen die Menschen einander nicht Wölfe, sondern Freunde sein. Das bedeutet, sie sollen glaubwürdig sein und einander ihren Glauben schenken können. Nun hat Gott den Menschen wohl nach seinem Bild geschaffen. Was immer das heißt, der Mensch hat sich gestattet, dieses Bild einigermaßen zu verdunkeln und zu entstellen. Man kann am Menschen nicht unbedingt mehr ablesen, wie Gott ihn sich gedacht hat. In den Heiligen und wirklich guten Leuten blitzt uns hier und da ein Schimmer auf, insgesamt aber ging der sichtbare Rahmen ursprünglicher Menschlichkeit ziemlich verloren. Es wird viel und gern von Menschlichkeit gesprochen und beschworen. Da aber ein allen gemeinsamer Rahmen fehlt, sie zu definieren, bleibt natürlich jedem selbst überlassen zu urteilen, wie die Menschen sein sollen und wie nicht. Die Ehefrau von oben wird zum Anrufen ihren Grund gehabt haben.

Der heilige Thomas sagt einmal, mit dem Philosophen könne man die Liebe in eine Art begehrende und in die der Freundschaft einteilen. In der caritas aber, der Gottesliebe finde sich irgendwie beides. Auf dem Fundament des Aquinaten kann man sicher sagen, dass das Glauben mehr ist als Wahrscheinlichkeiten von Aussagen abzuwägen. Es ist als etwas zuinnerst Menschliches vorgesehen, weil der Mensch von seinem Schöpfer her als jemand geschaffen wurde, der glaubt und mit Freuden Glauben schenkt.

Exkurs über das Glauben, Teil 3

Glauben wir etwas oder glauben wir jemandem?

Wenn man etwas Ernstzunehmendes über das Glauben sagen will, dann gehört der Spruch, Glauben sei nicht Wissen, nicht unbedingt dazu. Glauben heißt nämlich doch etwas wissen, zumindest dasjenige Glauben, von dem hier zu sprechen ist.

Eine große Kluft tut sich in der Debatte auf, wenn nicht klar unterschieden wird, über welche Art Glauben man überhaupt sprechen will. Man kann ja zum einen jemandem glauben, und man kann eine Sache, also etwas glauben, wozu man „etwas annehmen" sagt.

Wenn ein redlicher Kerl über Nacht wegbleibt und seiner Frau sagt, er bleibe bei seinem besten Freund, dann glaubt sie ihm das, wenn sie ihm wirklich glaubt, dann auf eine Weise, die so sicher wie ein wirkliches Wissen ist. Sie glaubt nämlich vornehmlich ihrem Mann als Menschen, und hier kann man nicht gut Wahrscheinlichkeiten angeben.

Sie kann nicht gut sagen: „Ich vertraue meinem Mann zu siebzig Prozent, dass er mich nicht belügt." Wenn sie sagt: „Ich glaube Dir", dann sollte sie eigentlich von hundert Prozent reden und ihr Mann sich darauf verlassen können, dass sie ihm nicht nachspioniert. Sonst glaubt sie ja nicht wirklich. Der angesetzte Detektiv ist eigentlich eine Beleidigung des Verhältnisses oder zeigt zumindest, dass es Schaden erlitten hat.

Die passende Antwort auf die Frage: „Warum glaubst Du mir?" lautet unter Liebenden „weil ich Dich liebe", und nicht etwa, „weil Du schon so oder so viele Male nicht gelogen hast." Unter Freunden wird man sich glauben, weil man befreundet ist und unter guten Bekannten, weil man gut genug bekannt ist. Das ist Glauben an jemanden.

Im Glauben an etwas dürfte das anders aussehen und auf Annahmen von Wahrscheinlichkeiten hinauslaufen. Wenn ich glaube, dass der VfL gewinnt, dann glaube ich vielleicht an eine sechzigprozentige Wahrscheinlichkeit. Glaubt jemand, dass es weiße Schwäne gibt, dann kann das ein sehr wager Glaube sein.

Wenn einer sagt, er nehme an, dass es Gott gibt, dann klingt das nach einer mittelmäßigen Wahrscheinlichkeit und er ist irgendwie gar kein Gläubiger.

Die Frage, ob es Gott gibt, gehört auch eigentlich gar nicht zum Glauben selbst. Das Glauben nämlich, wie die klassische Theologie es behandelt, ist ausdrücklich ein Glauben an jemanden, und der heilige Thomas lässt keinen Zweifel aufkommen, dass dieser Jemand Gott höchstpersönlich ist. Wenn ein Katholik auf die Frage, warum er glaubt, was er glaubt zur Antwort gibt: „Weil Gott mein Freund ist“, dann spricht er im Sinn der klassischen Theologie völlig korrekt und wie einer, der das Wichtigste verstanden hat.

Wer beim heiligen Thomas nachschaut und die Hauptgegenstände des Glaubens sucht, dann findet er als die großen Antworten die Fragen nach der Dreifaltigkeit und der Menschwerdung. Dass es Gott gibt, gehört eigentlich gar nicht dazu, die behandelt er ja zu Beginn, wo er versucht, es möglichst gut zu beweisen. Die wirklichen Dinge des Glaubens, die glaubt der Christ, weil Gott gesprochen hat und weil Gott nicht lügen kann.

Exkurs über das Glauben, Teil 4

Was will der Glaubende eigentlich?

C.S.Lewis hat sicher Recht, wenn er sagt, neben Sex, Macht und Geld gebe es ein weiteres, starkes Etwas, was dem Menschen sehr wichtig ist, nämlich das Gefühl irgendwo dazu zu gehören. Es gibt Clubs, in denen jede Menge Leute viel Geld ausgeben, nur dass sie sagen können, sie gehören dazu.

Wenn ich darüber nachdenke, dann scheint es mir, als komme dieses Wünschen aus dem sehr natürlichen Gefühl zu einem Menschen gehören zu wollen und für jemanden bedeutend zu sein. Die ganz normale Liebe jedenfalls kennt das: Jedes Kind möchte den Eltern wichtig sein und wenn die ihm zeigen würden, es sei wertlos und egal, dann würden sie das Kinderherz verletzen.

Jeder Liebende will für seinen Geliebten das einzig wirklich Wichtige sein, und wenn ich hier vom menschlichen Glauben rede, dann meine ich wohl, es hier in der Nähe einordnen zu müssen.

Ich glaube nämlich, es gibt ein Glauben, dass wir gern tun. Es gibt eine Art Glauben, der glaubt, weil er gerne glaubt, weil es eine Lust ist, jemandem, den man mag, seinen Glauben zu schenken.

Es gibt Beispiele, und ein negatives mag helfen, das Gesagte zu erklären. Als alle Welt einem Führer nachlief, sorgte dieser und seine Leute mit großer Sorgfalt dafür, dass genau dieser Führer von allen geliebt, bewundert und verehrt wurde. Die Gestalt des Führers war vor allem wichtig. Das war der Weg, auf dem der Führer Sachen verlangen konnte, die seinen Gläubigen eigentlich gar nicht recht erschienen. Sie nahmen es aber als richtig an, eben weil dieser Führer es gesagt hatte. Das Glauben hatte ein starkes, willentliches Element in sich, das sich nicht auf das richtete, was er sagte, sondern auf ihn selbst.

„Ich glaube, weil du es bist, der mir das sagt", drückt dieses willentliche Element aus, und die klassische Theologie hat das nie übersehen.

Es kann nun sein, dass jemand sagt, für ihn treffe das alles irgendwie gar nicht zu. Das mag sein und es ist nicht nötig sich weiter darüber zu unterhalten. Wenn ich aber richtig sehe, dann ist diese Weise zu Glauben die, von der die Kirche spricht. Es ist die Weise zu glauben, die derjenige sich wünscht, dem geglaubt werden soll: Es ist die christliche Weise zu glauben.

Es gehört zum Grundbestand des christlichen Glaubens, dass Gott sich nicht nur wünscht, dass man um seine Anwesenheit weiß und kühl für richtig hält, was geäußert wird. Die Christen haben immer gesagt, dass Gott sich vor allem wünscht, dass man ihn liebe, und dass es eine Lust sein sollte ihm zu glauben. Das bedeutet, der im christlichen Sinn Gläubige glaubt vor allem, weil er Lust hat zu dem zu gehören, dem er seinen Glauben schenkt. Und das ist in diesem Fall Gott ganz persönlich, wie gesagt.

Exkurs über das Glauben, Teil 5

Wem glauben wir eigentlich in der Hauptsache?

Die katholische Lehre hat also stets behauptet, dass man im Glauben immer auch eine Beziehung zu dem hat, dem man den Glauben verdankt. Wenn man glaubt, dann glaubt man immer jemandem, sagt der heilige Thomas sehr deutlich. Weiters hatten wir gesehen, dass das Glauben immer etwas Freiwilliges haben muss. Das heißt wirklich glauben heißt immer auch irgendwie glauben wollen.

Dem widerwilligen für wahr halten irgendwelcher Sachen, die sich aufdrängen, haben wir, wenn man so möchte, nicht gestattet, sich wirklich Glauben zu nennen. Glauben ist etwas sehr Menschliches, und der Mensch ist frei. Er ist frei, seinen Glauben zu verweigern oder ihn zu schenken.

Wenn das alles so ist, dann geht es dem Glaubenden eigentlich immer auch um den, dem er seinen Glauben schenkt, und im normalen Leben ist das nicht der Glaube selbst. Wenn ich meinem Freund glaube, dass ein Pferd auf dem Gang steht, dann glaube ich ihm das als Freund. Dabei habe ich zunächst einmal nur eine Beziehung zu ihm, nicht zu dem Tier da draußen. So ähnlich ist das auch mit dem Glauben an Gott. Der eigentliche Glaubensakt besteht erst einmal in Verhältnis des Glaubenden zu dem, der den Glauben bringt und bezeugt.

Viele Katholiken sagen nun sehr zu Recht, dass man als Katholik eigentlich eine Liebe zur Kirche haben muss und eine wirkliche Liebe zum Papst etwa haben müsse. Schließlich sei es immer die Kirche, in der man den geliebten Glauben bekomme, haben dürfe. Die Kirche ist der Ort, an dem der Glaube gepflegt und geschützt wird. Ich finde nichts richtiger als das und suche, wenn ich das höre, immer einen Kugelschreiber, mit dem ich unterschreiben kann.

Beim heiligen Thomas kann man das auch finden. Wo er zum Beispiel über den Herätiker schreibt, macht er ihm zum Vorwurf, der Kirche nicht alles zu glauben, sondern nur einen Teil, den er sich eigenmächtig aussucht. Damit sagt Thomas, habe der Herätiker irgendwie gar keinen wirklichen Glauben. In unserem Bild gesprochen würde das bedeuten, dass jemand seinem Freund in Teilen den Glauben verweigert. Wenn man das tut, dann glaubt man seinem Freund irgendwie gar nicht mehr.

Es ist hier wohlgemerkt nicht gemeint, dass man einem Freund irgendetwas nicht abnehmen kann, weil man sagen muss: „Hier musst du dich geirrt haben", oder, „überleg doch mal, ob man das so sagen kann." Der gesunde Zweifel ist kein Unglaube. Wer auf diese Weise zweifelt, will ja glauben und steht im Glauben.

Gemeint ist, dass jemand einem Botschafter seinen Glauben verweigert. Das erst ist im eigentlichen Sinn des Wortes Unglauben.

Dass der Katholik in seinem Glauben also ein lebendiges Verhältnis zu seiner Kirche und zu deren Hirten hat, wurde schon gesagt. Ich hatte sogar einen protestantischen Pfarrer als Gesprächspartner, der mit mir so weit gehen konnte, wenn ich bereit war, an Stelle des Wortes Kirche die Gemeinde zu setzen.

Die klassische Theologie und allen voran der heilige Thomas sagt das alles vom eigentlichen Glauben allerdings nicht. Die Kirche ist zwar die große Zeugin für den Glauben und ein Zuhause des Gläubigen. Der eigentliche Zeuge aber ist Gott selbst, und hier kommen die Dinge auf einzigartige Weise zusammen. Thomas sagt sowohl, dass es die Lehre von Gott ist, die geglaubt wird, als auch, dass Gott es ist, dem wir in allererster Linie glauben.

Im oben gesagten Bild liebe ich die Kirche, weil sie so gut ist, mir den Glauben zu eröffnen und weil ich Gott in diesem Glauben liebe. Bei Thomas aber kommt die Kirche als solche noch gar nicht vor. Hier ist es Gott direkt selbst, dem wir glauben, was er über sich sagt.

Der Glaubensvater Abraham hat direkt Gott geglaubt, was Gott ihm über sich selbst gesagt hatte. Das könnte man als eigentliches Bild für den Glauben nehmen. Wie der Glaube nun zustande kommen kann, ohne dass Gott jedem einzelnen persönlich alles sagt, das ist noch zu klären.

Exkurs über das Glauben, Teil 6

Hat Gott sich gefälligst zu melden?

Katholisch glauben heißt also Gott glauben, wie wenn man jemandem etwas abnimmt, was er sagt. Thomas hat in seinem letzten, großen Buch ein Kapitel geschrieben, in dem er sich fragt, ob es sinnvoll sei, das Glauben an Gott in drei Weisen einzuteilen. Augustinus hatte das nämlich getan und gemeint, wer an Gott glaube, der glaube *ihn*, also das, was er ist. Er glaube ebenso *ihm*, in der Weise wie man im Glauben annimmt, was ein anderer mitteilt. Schließlich glaube man *auf ihn hin*, wie wenn man auf jemanden zugeht. Diese drei Weisen des glaubens könne man unterscheiden, allerdings in nur einem Tun, wie Thomas betont.

Der Glaubende glaubt also auch drei Dinge, nämlich was Gott sagt, er glaubt ihm wie ein Vertrauender und er kommt ihm in diesem Glauben näher.

Nun ist es aber bekanntermaßen so, dass nicht jedem Gläubigen gegeben ist, dass Gott ihm ganz persönlich den kompletten Glauben einflüstert. Es muss anders gehen. Josef Pieper, dessen Gedanken ich in meinem Exkurs übrigens folge, spricht beispielhaft von erfinderischen Entdeckungen der Menschen. Wenn in früherer Zeit unsere Forscher segensreiche Ergebnisse, wie etwa die Relativitätstheorie oder die Entdeckungen der Quantenmechanik an den Tag förderten, dann ermöglichte das ihren Nachfolgern, neue Geräte zu konstruieren, die ohne die ersten Entdeckungen nicht möglich gewesen wären. Wenn jemand in seinem Tanzlokal einen Laser installiert, dann profitiert er von den Entdeckungen Heisenbergs und Einsteins, wahrscheinlich aber ohne das genau zu wissen. Er kennt vermutlich weder die genauere Aufbauweise seines Gerätes, noch weiß er, welche Berechnungen zur Konstruktion vorher nötig gewesen waren. Er profitiert aber von dem gesamten Paket. Er vertraut sowohl den Konstrukteuren, den Erfindern und dem Gerät und freut sich an seinem bunten Licht.

Jeder Katholik hat vollen Anteil am sakramentalen Leben und allen Segnungen der gesamten Kirche, von denen Gott wünscht, dass er sie bekommen kann. Dennoch braucht er dazu nicht über das gesamte Wissen der einzelnen Glaubensinhalte und über das Herkommen informiert zu sein. Das alles steht ihm wohl auch zur Verfügung, es zu erwerben ist aber keine Voraussetzungen, um die Früchte zu genießen. Ich habe diese Zusammenhänge immer als etwas Wunderbares empfunden, musste aber schon bald zur Kenntnis nehmen, dass man das alles auch ganz anders sehen kann. Ein bekannter Komiker, dessen Show ich vor Zeiten besucht habe, sagte am Schluss seiner Aufführung, er glaube wohl auch an Gott. Er wolle sich aber nicht von anderen vorschreiben lassen, was er zu glauben habe. Dafür bekam er einen beträchtlichen Applaus, und ich kam mir in meiner schweigenden Fassungslosigkeit etwas einsam vor. Natürlich wusste ich, dass viele Leute so denken. Meine Fassungslosigkeit rührte er daher, dass da ein Mann auf der Bühne stand, der eigentlich als einigermaßen intelligent gelten wollte.

Als ein alter Freund mir früher einmal seinen Unglauben gestand sagte er, erst wenn ihm wie der Mutter Jesu ein Engel erschiene, dann würde er auch glauben. Ich fürchte, das wird nicht zu machen sein, obwohl ich mich sehr über die Erscheinung freuen würde. Mein Freund und der Künstler, beide verlangen etwas, nämlich, dass ihnen der Glaube direkt von erster Hand gegeben wird. Das Katholische sehen sie nicht ein. Von Gottes Seite her wäre das sicher zu machen. Es ist nur zu fragen, ob der Herr der Welten sich darauf einlässt, wenn ihm seine Kinder die Regeln vorgeben. Ich fürchte, hier werden die grundsätzlichen Positionen verwechselt. Ein Durstiger in der Wüste ist einfach nicht in der Position, dem Wasserträger die Preise vorzuschreiben. Mein Kumpel machte mir schon damals den Eindruck, als glaube er, Gott könne froh sein, wenn er ihm seinen Glauben abkaufe. Dazu müsse er aber gefälligst bei ihm klingeln kommen. Wenn wir von den Voraussetzungen zum Glauben auf der Seite des Menschen sprechen, dann ist diese Haltung nicht gerade eine von ihnen, und ich würde meinen, es gibt einiges vorab zu bereden.

Exkurs über das Glauben, Teil 7

Wie wird man überhaupt ein Gläubiger

Als wir Kinder waren, stahl einmal einer von meinen Kameraden irgendein Spielzeug aus dem Regal des kleinen Geschäftes in unserem Dorf. Der Diebstahl ging gut und draußen auf der Straße konnten wir mit Pudding in den Knien die Beute in den Händen halten. Es dauerte aber nicht lange, da wurde meinem Kumpel schlecht. Er konnte irgendwie nicht ertragen, dass er gestohlen hatte. Nicht stehlen gehörte in unserer Kinderstube zu den ganz wichtigen Dingen, wie das nicht Lügen. Die Wahrheit, das Eigentum anderer Leute und das Verbot, Tiere zu quälen, das waren Heiligtümer, die man niemals antasten durfte.

Mein Freund ging beschämt zu seinen Eltern und gestand ihnen das Verbrechen. Er musste die Beute, natürlich in unserer Begleitung persönlich zurückbringen bekam zuvor aber eine Abreibung, wie ich sie wahrscheinlich nicht bezogen hätte. Das Argument, das sein Vater dabei vorbrachte war: „Ich will nicht, dass aus meinem Sohn ein Dieb wird.“ Uns leuchtete damals unmittelbar ein, was gemeint war: Diebe waren keine guten Menschen und wir sollten solche nicht werden.

Als ich viel später über den heiligen Thomas Gelegenheit hatte, in den Gedanken der alten Griechen zu stöbern, fiel mir die Geschichte lebendig ins Gedächtnis: Der Papa meines Kumpels hatte die Griechen sicher nicht gelesen; ich glaube, er las überhaupt nicht. Er hatte aber mit der Sicherheit eines Trüffelsuchers gewusst, was die erklärt hatten: Der Mensch kann nicht nur etwas machen, sondern er kann sich mit dem, was er macht, verändern. Mein Freund war kein Dieb, ganz sicher nicht. Er war, wie sein Vater später Gott sei Dank noch sagte, ein Junge, der eigentlich ganz in Ordnung war. Seine Sorge hatte aber den griechischen Riecher, als er annahm: Wenn der Junge öfter klaut und Geschmack daran findet, dann wird er ein Dieb, und mit Dieben wollte man nichts am Hut haben. Der Gedanke ist ebenso leicht, wie selten besprochen: Das was wir tun, verändert uns.

Bei den alten Philosophen konnte man das Beispiel vom Musizieren finden. Wer beginnt, ein Instrument zu spielen, fängt hölzern an. Er sucht die Töne und sucht die Noten, wie jemand, der wohl schon alle Buchstaben kennt, aber noch nicht lesen kann. Mit der Zeit und der Übung geht alles leichter. Man lernt das Instrument, bekommt Freude am Spiel, weil es einem von der Hand geht. Ist eine gewisse Zeit vergangen, spielt man locker, leicht und flüssig, und man muss gar nicht mehr gebeten werden. Erst dann ist man ein Musiker. Man kann aus sich selbst einen

Musiker machen, indem man das Musizieren übt. Das ist simpel. Es wird aber wie ich finde, etwas zu selten wirklich besprochen.

Der heilige Thomas sagt öfter, dass der Glaube eine Art Qualität des Menschen sei, er sei nämlich eine Tugend; und Tugenden werden in seiner Schule als Qualitäten gehandelt, also nicht als etwas, was man nur mal so tut, sondern als etwas, was man ist oder was man werden kann. In der etwas knochigen Sprache der Philosophen könnte man sagen: Die Tugenden sind Qualitäten, also Eigenschaften des Menschen, die er entweder mit auf den Weg bekommen, oder die er sich angeeignet hat. Wie das Dieb Sein oder das Musiker Werden eben.

In einer Klammer wäre dazu allerdings noch zu sagen, dass es zur Definition einer Tugend gehört, dass sie den Menschen grundsätzlich besser machen. Das Diebsein wäre also eher auf die negative Seite der Laster zu rechnen. Aber auch die kann man sich ja bekanntlich aneignen.

Wenn wir also über das Glauben sprechen, dann müssen wir die Akte mit den Tugenden öffnen und wenigstens einen kurzen Blick hineinwerfen. Was das eigentliche Glauben dort angeht, findet sich bei unserem Lehrer eine Behauptung, die er mit der gleichen Selbstverständlichkeit ausspricht, wie ein Schaffner Fahrkahrten knipst: Die Tugend des Glaubens ist eine Eigenschaft. Die kann man sich allerdings nicht ganz aneignen. Den Anfang muss Gott machen, in dem er seinen Kindern den Glauben als Tugend in die Herzen gießt. Darüber sollte gesprochen werden.

Exkurs über das Glauben, Teil 8

Der Glaube ist ein Geschenk

Wer über den katholischen Glauben spricht, der wird beschreiben, was man tut, wenn man glaubt und was der Glaubende zu glauben hat oder was er wirklich glaubt. Wer aber versuchen will, einigermaßen umfassend vom katholischen Gläubigsein zu reden, der sollte irgendwann auch darauf kommen zu sagen, dass der Gläubige in seinem Glauben nicht nur etwas tut, sondern dass er auch etwas ist, nämlich einer, der den Glauben hat.

Ein Mann, der den Bus zu verpassen droht und ihm hinterher läuft, der sonst aber nur gemächlich durch die Gegend zu wandeln pflegt, ist kein Läufer, nur weil er alle Jubeljahre einem Gefährt nachrennen muss. Ein Olympiateilnehmer in der Leichtathletik dagegen würde schon eher ein Läufer genannt werden, weil er sich durch beständiges Üben zu einem solchen gemacht hat.

Wenn sich jemand, einer Verlockung folgend, für einen Tag auf die Annahme einlässt, dass es Gott geben könnte, der am nächsten aber wieder in sein geistiges Zuhause des Atheismus zurückkehrt, der war nicht wirklich ein Gläubiger. Ein Gläubiger ist irgendwie für sein ganzes Leben und mit seinem ganzen Dasein ein Gläubiger.

Dasselbe würde ich auch für den Atheismus annehmen. Auch ein Atheist lebt als solcher und stirbt als solcher. Gläubig sein heißt für etwas entschieden sein und womöglich auch einstehen.

Nach den ersten großen Wellen der Christenverfolgung bei den Römern hatte die Kirche ein Problem mit denen, die zu schwach gewesen waren, unter der Folter zu ihrem Glauben zu stehen. Die hatten zum Teil ihren Peinigern die heiligen Bücher für den Gottesdienst übergeben und dem Glauben abgeschworen. Wenn sie wirkliche Gläubige waren, wurden sie durch ihr erzwungenes, falsches Bekenntnis allerdings keine Ungläubigen. Eigentlich waren sie in gewisser Hinsicht Brüder und Jünger Christi geblieben, und die Verantwortlichen der Kirche mussten einen Weg finden, wie man nach der Verfolgung mit ihnen verfahren sollte. Sie hatten zuvor im Ritus der Taufe an die Kirchentüre geklopft und den Glauben erbeten. Den bekamen sie in der Taufe von Gott geschenkt und von der Kirche zugesprochen. Dieses Geschenk kann einem nicht mit Gewalt herausgepresst werden.

Hier unterscheidet sich der katholische Glaube streng vom Atheismus jeder Sortierung. Der gelebte Atheismus ist, wie gesagt, wahrscheinlich auch ein gewisses Entschiedensein, das zur Grundlage einer Lebenseinstellung wird. Mit der Annahme des Atheismus wird man aber nicht sagen können, dass man mit ihm etwas geschenkt bekommt. Von wem auch? Das ist beim Glauben anders. Wie gesehen, klopften die Gläubigen früher vor ihrer Taufe von außen an die Kirchentür. Dann wurden sie von innen her gefragt, was sie wollten. Ihre Antwort lautete: Den Glauben. Dieses Frage- und Antwortspiel ist bis heute im Ritus geblieben, nur dass man nicht mehr von außen an die Türe klopft. Katholisch gesehen hat der Glaube neben der Tatsache, dass man im Glauben etwas tut, auch den Charakter einer Gabe. Wenn man so möchte, braucht man in diesem Sinn nichts zum Unglauben. Aber um katholisch glauben zu können, muss man zuvor beschenkt werden. So jedenfalls sagt es die Lehre: Der Glaube gehört zu den sogenannten unverdienten, gnadenhaften Geschenken Gottes an die Menschen, und zwar an jeden einzeln. So rechtfertigt sich der klassische Spruch, nach dem jeder, der Gott sucht, von ihm bereits gefunden wurde.

Exkurs über das Glauben, Teil 9

Das Missverständnis mit der Tugend

Wenn man so möchte, ist das Glauben also zweierlei: Der Gläubige tut etwas und er ist etwas. Wir sind nicht gewohnt, uns Gedanken zu machen, was wir eigentlich genauer sind, und manche meinen, diese Oberflächlichkeit sei ein Kennzeichen der Moderne. Wenn ich mich aber richtig erinnere, glaubte der mittelalterliche Meister Eckhard die Leute auch schon darauf hinweisen zu müssen, sie sollten nicht immer nur zu bedenken, was sie tun sollen, sondern vor allem erst einmal, was sie sind.

Für den heiligen Thomas ist das Thema, was und wie der Mensch ist und was er werden kann, von ziemlich großer Bedeutung. Seine Morallehre ist nämlich eine Tugendlehre. Das bedeutet, seine Lehre von dem, was man in seiner Freiheit besser tut oder lässt, ist vor allem erst einmal eine Lehre von dem, was man ist und werden kann.

Wenn ich richtig sehe, ist die Tugendlehre im Bewusstsein des Menschen ganz und gar verschwunden. Ich glaube nicht, dass bei fünfzig Befragten ein einziger Mensch auf der Straße sagen könnte, was eine Tugend ist. Es scheint auch nicht so wichtig zu sein, denn weder die Prediger in den Kirchen, noch die Lehrer in den Schulen, und schon gar nicht irgendwelche Leute in der sonstigen Öffentlichkeit, reden davon. Wann immer man sich aber aufmacht, den heiligen Thomas ein bisschen zu verstehen, dann muss man sich klar zu machen versuchen, was er mit Tugend meint.

Wahrscheinlich müssen wir uns an den Gedanken gewöhnen, dass das Wort Tugend in der eigentlichen Tugendlehre etwas ganz anderes bedeutet, als man wahrscheinlich annimmt. Wenn man dort von einem besonders tugendhaften Menschen spricht, dann dürfte vor allem gemeint sein, dass man alles mit ihm anstellen kann, außer etwas Interessantes oder was Spaß macht. Das Bild eines besonders tugendhaften Mädchens dürfte wohl die Vorstellung einer eher grauen Maus hervorrufen. Tugend gilt als farblos und schwachbrüstig. In der klassischen Tugendlehre ist aber das glatte Gegenteil gemeint.

Wenn man einem ersten großen Kapitel aus der Tugendlehre eine Überschrift geben sollte, dann könnte man „Die Tugend macht den Menschen gut" schreiben, und gut meint hier nicht zurückhaltend, hasenfüßig oder irgendwie nur schamhaft unberührt. Gut meint gut im Sinn von gut für die Gesellschaft, gut für sich und seine Leute. Im religiösen Sinn meint Gut sein zudem durchaus so etwas wie gut vor Gott. Diese Art Güte hat mit Erwachsensein, mit Kraft und einer Art reifer Entschiedenheit zu tun.

Wenn man so möchte, ist ein tugendhafter Mensch einer, aus dem etwas geworden ist, der seine Talente bewusst empfangen und ausgebaut hat.
Ein gutes Auto ist nicht nur gut zusammen geschraubt und teuer, sondern auch gut gepflegt und optimal eingefahren. In diesem Sinn spricht die klassische Tugendlehre vom Sein des Menschen, insofern er aufgrund seiner Tugenden aus sich einen guten, geradezu artgerechten Menschen geformt hat; als Geschenk und mit seiner aktiven und bewussten Mitarbeit.

Die Methode und das Glauben

Wir kommen zurück auf die schon etwas ältere Behauptung, dass der Glaube immer etwas mit dem Willen zu tun hat. Ich habe mich hinter den Satz des heiligen Augustin gestellt, nachdem niemand glaubt, außer er will. Thomas steht auch hinter der Behauptung, und doch stellt er klar, dass das Glauben zunächst einmal eine Sache des Verstandes ist. Vielleicht sollten wir der Einfachheit halber kurz erklären, dass die Theologen der Scholastik immer alles bis ins möglichst Kleinste zu erklären suchen. Wenn scholastische Theologen, also solche, die wie der heilige Thomas gestrickt sind, über den Menschen reden, dann versuchen sie immer, so genau wie möglich von allem zu sprechen. Sie versuchen stets, die Dinge bis in die kleinsten Wurzelfasern zu betrachten, um dann möglichst exakt zu Werke gehen zu können. Deshalb zerlegen sie die Dinge theoretischerweise, um sie besser und für sich beschreiben zu können.

Der heilige Thomas spricht zum Beispiel, wo er vom Glauben spricht, vom Menschen. Niemand hat je wieder so dickköpfig wie der heilige Thomas darauf bestanden, dass jeder Mensch eine einzige und untrennbare Einheit, dass jeder Mensch eine einzige Substanz für sich ist. Das bedeutet, man kann Körper und Seele nicht auseinandernehmen, ohne dass man ihn und sein Menschsein zerstört. Dennoch spricht er von der Seele als solcher und dem Leib als solchen, und man könnte den Eindruck haben, der Mensch bestehe eigentlich nur aus diesem oder aus jenem, wie man es bei den modernen Meinungen schon mal findet. Die reinen Materialisten sagen, der Mensch bestehe eigentlich nur aus irgendwelchen, physikalisch wahrnehmbaren kleinen Sachen. Die Spiritualisten dagegen sagen, eigentlich sei der Mensch ganz geistig, und die Materie sei irgendwie untergeordnet.

Wenn man den Thomas oberflächlich liest, kann man den Eindruck gewinnen, er glaube auch mal dies, mal das. Das ist aber gar nicht der Fall. Gerade Thomas hatte zu seiner Zeit allen Grund, die unteilbare Einheit des Menschen aus Geist und Leib mit den Zähnen und Klauen seiner Argumente zu verteidigen.

Im Kapitel über den Glauben als Tugend stellt uns der Meister der Scholastik ein weiteres klassisches Beispiel einer Trennung vor, die in Wirklichkeit keine ist. Er stellt sich der Frage, ob das Geschenk des Glaubens den Willen, oder den Verstand bedenkt. Dabei behandelt er das Seelenleben des Menschen, als habe es sozusagen mehrere getrennte Räume und fragt sich, in welchem Zimmer der Schöpfer seine Gabe nun liegen lässt.

In Frage kommen der Verstand, also die Abteilung, die etwas sieht und zur Kenntnis nimmt, und der Wille, die Abteilung, aus dem die Antriebe kommen. Man sollte gleich im Kopf haben, dass gerade der heilige Thomas auch hier die Einheit der ganzen Geschichte jederzeit verteidigen würde. Verstand und Wille sind wohl zwei Vermögen, die für sich betrachtet, sehr verschieden sind. Sie sind dennoch nicht voneinander zu trennen. Beides sind Kräfte eines- und des selben Menschen, und beides sind Vermögen eines einzigen Seelenlebens.
Zur Klärung also, in welchem der beiden Zimmer Gott sein Geschenk ablegt, benutzt er das Beispiel einer Säge. Er sagt, der Glaube sei eine Tugend, und somit eine Gabe, die das, was sie betrifft, vollkommener macht. Wenn man aber sehe, was man zum guten Sägen brauche, dann hätte man doch zweierlei nötig: Sowohl jemanden, der gut zu sägen versteht und eine gute Säge.
In der thomanischen Aufteilung kann man öfter lesen, dass der Verstand auf das Wahre aus ist, wogegen der Wille das Gute will. Wenn man so möchte, ist das Futter des Verstandes die Wahrheit und das des Willens immer das, was als gut erkannt wird. So ist der Glaube wohl erst einmal eine Gabe an den Verstand, der an der Wahrheit Gottes seine Freude hat. Es sei aber der Wille, der den Verstand zur Zustimmung bewegt. Wenn man bei Thomas blättert, dann kann man finden dass der wahre Gott immer auch als der gute Gott erkennbar ist. Zudem kann man durchaus sehen, dass es auch etwas Gutes hat, zu glauben. Das Geschenk des Glaubens geht also sowohl auf den Verstand, als auch auf den Willen. Das jedenfalls sagt der heilige Thomas von Aquin.

Exkurs über das Glauben, Teil 11

Ein Problem mit der Gottesliebe

Wir müssen erst ein Wort über etwas verlieren, was die Muslime nicht kennen und was den Christen leider oft viel zu selbstverständlich vorkommt. Gemeint ist die Gottesliebe. Über die sollten wir nachdenken, weil der heilige Thomas sie in seinem Kapitel über das Glauben schon ziemlich bald einführt und ins Gespräch bringt. Das macht er mit großer Selbstverständlichkeit und ohne sie weiter zu erklären. Er setzt offenbar voraus, dass seine Leser bereits einigermaßen Bescheid wissen. Gerade das aber können wir wahrscheinlich nicht tun und sollten deshalb einen Gedanken zur Gottesliebe anstellen.

Ich sagte, dass die Gottesliebe etwas ist, was die Muslime nicht kennen. Das muss ich natürlich insofern einschränken, als dass ich nur von denen spreche, die ich kenne und von dem, was ich mitbekommen habe. Mein kurdischer Freund Jimi jedenfalls sagte mir immer ziemlich eindringlich, dass Gott nicht spricht und dass wir nicht sagen dürften, dass er uns liebt. Seine alles abschließende Antwort lautete dann „Allahu akbar“ und er erklärte mir, das heiße nicht „Gott ist groß“, wie viele meinen. Es heiße vielmehr „Gott ist größer“ und es sei wichtig, das zu verstehen. Wenn man nämlich auf alles immer sagen muss, dass Gott größer ist, dann ist er auch immer größer als jede Behauptung, die wir über ihn anstellen.

Wenn einer vor uns davon läuft und garantiert immer einen Meter voraus ist, dann können wir so lange laufen, wie wir wollen und anstellen, was wir möchten: Er ist immer ungreifbar und nie zu erreichen. Er wird sich immer und jederzeit jedem Zugriff entziehen; eben, wegen dieses immer weiter Seins.

So sei es auch mit Gott, meinte Jimi. Er sei immer und jederzeit größer. Wenn wir also sagen, Gott spricht mit den Menschen, dann sagt mein Freund, das könne man nicht sagen, weil Gott größer sei als die Vorstellung, in der er spricht. Wenn wir nun behaupten, Gott liebt uns, dann ist Gott auch da immer größer als die Vorstellung eines liebenden Gottes. Diese Gottheit entzieht sich immer jeder Beschreibung und er bleibt nie für uns stehen.

Nach dieser Vorstellung kann man also gar nicht sagen, dass Gott irgendetwas ist oder tut. Man muss sagen, dass es ihn gibt und kann immer nur alles verneinen und für unzutreffend erklären. Der Islam, den ich kennengelernt habe, kann von der Gottesliebe nicht so reden, wie wir Christen es tun. Diese Annahme hat bei den Muslimen, die ich kenne und die sich taufen ließen, eine ziemlich deutliche

Bestätigung gefunden. Die Annahme nämlich, dass Gott sie liebe und dass diese göttliche Liebe ihnen ganz persönlich gelte, war die größte Überraschung und eine umwerfende Neuigkeit, eine Sensation.

Und wenn ich sage, dass wir Christen mit der Gottesliebe viel zu selbstverständlich umgehen, dann meine ich damit, dass wir genau dieses Sensationelle der Botschaft nicht mehr bewusst haben. Es ist so selbstverständlich, wie die Tatsache, dass das Auto meines Nachbarn hundert Pferdestärken hat. Die Muslime haben unseren Glauben nicht und wir Christen tun ihm Unrecht. Die Gottesliebe müsste für jedes gesunde Auge eine ewig frische und überwältigende Botschaft sein, an der man sich auch mit einer Ewigkeit Zeit nicht sattsehen kann. Dabei hat sie unter uns Christen heutigentags ungefähr die sensationelle Wirkung wie ein gebrauchter Anzug.

Zugegeben, wenn man sich die Texte des heiligen Thomas zum ersten Mal zu Gemüte führt, wird man wahrscheinlich den Eindruck bekommen, auch er spreche kühl und bürokratisch. Das stimmt wohl, sein Tonfall ist nicht gerade der eines verliebten Dichters.

Thomas würde die glühende Verehrung eines verliebten Prinzen für die Heldin seines Lebens in erstens, zweitens, drittens einteilen und abhandeln wie ein Bahnschaffner seinen Plan. Man sollte dazu aber wissen, dass Thomas die disziplinierte Sprache eines Professoren spricht, dem man die Aufgabe anvertraut hat, seine Schüler zu belehren. Wenn er von der Gottesliebe spricht, dann erklärt er etwas, das nach den Zeugnissen seiner Zeitgenossen niemanden mehr als ihn selbst gerührt und hingerissen hat.

Wie immer auch, Thomas führt die Gottesliebe in das Kapitel über das Glauben ein, und wenn er von ihr spricht, dann kann er damit zweierlei meinen: Zum einen die Liebe, mit der Gott uns liebt, zum anderen die Liebe, mit der wir Gott lieben. Beides gehört untrennbar zusammen und heißt im Lateinischen schlicht caritas. Die caritas ist das eigentliche Band, das den Schöpfer mit seinen Geschöpfen verbindet. Das ist ein Umstand, den wir nur deshalb wissen, weil der Schöpfer ihn uns aus freien Stücken mitgeteilt hat, und es ist ein Umstand, über den wir eigentlich nie aufhören sollten, entzückt zu staunen; wie die Muslime, die um ihrer willen sogar bereit waren, ihre Familien zu verlieren, um diese Liebe nie wieder verlieren zu müssen.

Exkurs über das Glauben, Teil 12

Der Satanist und die Gottesliebe

Wenn es ein Erlebnis gibt, das mir in Erinnerung bleibt, dann ist es das mit dem Satanisten, der sich bekehrte und taufen ließ. Ein junger Mann mit einschlägigen Erfahrungen bei den Teufelsanbetern. Er hatte es mit der Angst zu tun bekommen und war weggelaufen, als es daran ging, nicht mehr nur vom Tod zu sprechen, sondern ihn auch herbei zu führen. Die ganze Gruppe war, wie er berichtete, nur von einem blankem Hass zusammen gehalten worden; von einem Hass, den jeder, wer weiß aus welchen Gründen, in sich trug. Es war der Hass gewesen, der sie in die Gruppe trieb und es war dieser Hass, der sie zuletzt auch Gott hassen ließ. Sie glaubten an Gott. Sie verachteten ihn aber und waren von einem heißen Willen beseelt, gegen ihn auszuschlagen. Das jedenfalls war die Aussage des Burschen, der mir sozusagen in die Arme lief und um eine Unterweisung in christlichen Dingen ansuchte.

Wenn ich hier nun sage, dass er vom Satanismus zum Glauben kam, dann könnte jemand einwenden, dass er doch längst ein Gläubiger war, auch in seiner Zeit bei den Teufelsbrüdern. Die glaubten ja an ihren Herrn und sie glaubten an Gott, auch wenn sie ihn hassten.

Man kann also sagen, dass die Satanisten gar nicht ungläubig sind, und der Jakobusbrief scheint der Meinung Recht zu geben. Dort steht ja, dass auch die Dämonen an Gott glauben, auch wenn sie zittern.

In der Schule des heiligen Thomas würde man allerdings lieber sagen, dass der Glaube der Satanisten und der Zitterglaube der Dämonen eigentlich gar kein Glaube ist. Der Glaube ist hier nämlich eine Tugend, und eine Tugend ist erst dann eine Tugend, wenn sie Richtung Güte geht.

Über Wörter kann man natürlich so lange streiten, wie man möchte. Jede Schule wird auch ihr Recht haben, die Begriffe zu definieren, mit denen sie hantiert. Wenn einer die reine Annahme, dass es Gott gibt, schon Glauben nennen möchte, dann soll er das tun. In der Thomistenschule allerdings geht das nicht. Hier wird, wie gesagt, erst als Glaube akzeptiert, was eine Tugend ist. Der Glaube der Satanisten würde hier eher ein Laster sein.

In diesem Sinn definiert der heilige Thomas in seiner theologischen Summe, dass der Glaube erst dann eine Tugend sein kann, wenn er von der Gottesliebe her seine Form bekommt. Ich würde meinen, es ist ungewöhnlich, in dieser Weise vom Glauben zu sprechen. Und um zeigen zu können, dass das Glauben überhaupt irgendwoher so etwas wie eine Form bekommen kann, geht der Meister über den Willen. Eine willentliche Handlung, sagt er, bekommt eine Form von dem Ziel her, das der Wille will. So würde es durchaus einen ziemlichen Unterschied und verschiedene Formen ausmachen, ob jemand mit dem Geld, was er ausgibt, einen Armen beschenken will, oder ob er Sprengstoff kaufen möchte, um Unschuldige zu verletzen. Thomas redet so und spricht den willentlichen Handlungen mit seiner Rede von ihrer Form eine Art Charakter zu. An sich ist so etwas aus dem normalen, täglichen Leben durchaus nicht unbekannt.

Wir sind gewohnt, einem Kind eine schlechte Sache nicht übel zu nehmen, wenn es eigentlich etwas Gutes bezwecken wollte. Wir sind gewohnt, den guten Willen so zu werten, als sei daraus eine gute Tat entstanden. Bei Thomas kann man ganz in diesem Sinn lesen, dass der gute Wille einen Menschen schlechthin gut macht. In Sachen Glauben sagt er hier, der Glaubende sei mit seinem Willen darauf aus, irgendwie die Güte Gottes zu erreichen. Wörtlich sagt er: "Das göttliche Gut aber, das das Ziel des Glaubens ist, ist der eigentliche Gegenstand der Gottesliebe. Darum wird die Liebe zu Gott die Form des Glaubens genannt, insofern durch die Gottesliebe das Glauben vollendet und geformt wird."

Printed by Books on Demand GmbH, Norderstedt / Germany